Petra Mewes

Wir
vom Jahrgang
1959
Kindheit und Jugend

Aufgewachsen
in der
DDR

Impressum

Bildnachweis:

Marion Wenzel: S. 5 u., 6 o., 6 u., 9, 13, 14, 15, 16 u., 17 m., 24 o., 24 u., 29 u., 36, 38, 39, 46, 60 u.; Simone Wilke: S. 4, 19 o., 21, 22, 25 o., 55, 61; W.F. Gronau: S. 7; Archiv Petra Mewes: S. 8, 10 o., 12, 18, 26, 27 o., 28, 30 li., 30 re., 48, 54 u., 60 u., 63 o., 63 u.; ullstein bild – Jung: S. 10 u.; „Die Häschenschule", Alfred Hahns Verlag K.G. Hamburg, 1924: S. 11 u.; Walter Wilke: S. 16 o., 17 o., 25 u., 34 o., 49 u., 51, 54 o., 59; Cover Progress Film Programm, „Clown Ferdinands wundersame Abenteuer": S. 17 u.; Elisabeth Shaw, Der kleine Angsthase, Der Kinderbuchverlag in der Verlagsgruppe Beltz, Weinheim & Basel 2003: S. 11 o.; Christa Schurigt: S. 20 o.; dpa Picture-Aliance GmbH (akg): S. 20 u.; ullstein bild – ADN-Bildarchiv: S. 23; „Fix und Fax. Lustige Mäuseabenteuer", Mosaik Steinchen für Steinchen Verlag: S. 27 u.; Hans-Peter Berth: S. 29 l., 34 u., 52; ullstein – KPA: S. 32, 56; Ottokar Domma, Manfred Bofinger, „Ottokar der Schalk", Eulenspiegel Verlag, Berlin 2001 (1983): S. 37; „Brüder Grimm. Die drei Spinnerinnen", Der Kinderbuchverlag, Berlin 1986: S.40; Copyright für das Mosaik von Hannes Hegen: Tessloff Verlag, Nürnberg: S. 42; ullstein – Probst: S. 43; Walter Kuras: S. 47; ullstein – Messerschmidt: S. 49 o.; Hannelore Trauer: S. 50, 57; „Der Deutsche Straßenverkehr", September 1976, Heft Nr. 9, VEB Verlag für Verkehrswesen: S. 58.
Titelbilder: Umschlag vorne o.: Marion Wenzel; u.: Petra Mewes; hinten: Petra Mewes

8. Auflage 2024
Alle Rechte vorbehalten, auch die des auszugsweisen
Nachdrucks und der fotomechanischen Wiedergabe.
Gestaltung und Satz: r2 | Ravenstein, Verden
Druck: Druck- und Verlagshaus Thiele & Schwarz GmbH, Kassel
Buchbinderische Verarbeitung: Buchbinderei S. R. Büge, Celle
© Wartberg-Verlag GmbH
34281 Gudensberg-Gleichen • Im Wiesental 1
Telefon: 056 03/9 30 50 • www.wartberg-verlag.de
ISBN: 978-3-8313-3159-8

Liebe 59er!

Es gibt Chroniken und Nachschlagewerke genug, die über die Zeit von unserer Geburt bis zum 18. Lebensjahr detailreich alles auflisten, was zwischen 1959 und 1977 passiert ist. Kein Ereignis bleibt unerwähnt – ob es die Hitze des 59er-Sommers ist, der Bau der Berliner Mauer 1961 oder die stetigen Umbenennungen des DDR-Geldes von Deutsche Mark bis zur Mark der DDR. Aber wie haben wir das erlebt? Was hat unsere Generation geprägt? Während sich unsere Eltern das Wirtschaftswunder im anderen Teil Deutschlands aus der Ferne ansahen und froh waren, dass es auch in der DDR aufwärts ging, scherte es uns in den ersten Lebensjahren herzlich wenig, dass irgendwo im Land Grenzen gezogen wurden und das Wettrüsten zwischen Ost und West bedrohlich in Fahrt kam.

Die meisten von uns gingen ganz selbstverständlich in den Kindergarten und verlebten unbeschwerte Stunden in der Familie, mit Geschwistern, Freunden, Nachbarn. Später sammelten wir Altpapier – fürs Taschengeld und die internationale Solidarität. Die Probleme der Völker Afrikas und Lateinamerikas, der Krieg in Vietnam und die uns ständig vorgehaltene Bedrohung durch den Westen trübten unsere Kindheit nicht wirklich. Die Erwachsenen würden schon dafür sorgen, dass alles friedlich blieb.

Derweil gingen wir zur Schule, machten unsere Hausaufgaben, lernten ein Instrument oder Fußball spielen, sammelten Briefmarken oder lasen Bücher. Wir fuhren in den Zoo und ins Grüne, zum Badesee oder zur Rodelbahn. Politisch wurde es in der Schule, als wir bei den Jungen Pionieren und später bei der FDJ einen gewissen Teil unserer Freizeit verbrachten.

Wir genossen schon kleine Freiheiten wie Jeans, lange Haare und Popmusik, die uns die große Unfreiheit nicht so spüren ließen. Beim Schreiben dieses Buches bin ich die ganze Strecke zwischen Kindheit und Jugend noch mal zurückgelaufen. Es war ein großes Vergnügen, das ich jetzt auch allen Lesern wünsche!

Petra Mewes

Petra Mewes

Aller Anfang
ist schwer

Heißer Sommer ...
1959

Es war ein heißer Sommer, so dokumentierten es die Meteorologen. Der heißeste seit 1830. Nach den harten Nachkriegsjahren hatten sich die Menschen erholt und trauten dem Frieden – selbst ohne offiziellen Friedensvertrag. Man blickte wieder sorgloser in die Zukunft und konnte sich auf Kinder freuen. Die Geburtenrate war auf jeden Fall im steten Steigen. Dass die hohen Temperaturen für

Chronik

15.–17. Januar 1959
Das ZK der SED verabschiedet „Thesen zur sozialistischen Umgestaltung des Schulwesens". Im Zuge dessen Einführung der zehnklassigen Polytechnischen Oberschule (POS) und der zum Abitur führenden Erweiterten Oberschule (EOS).

3. Juni 1959
Mit dem Gesetz über Landwirtschaftliche Produktionsgenossenschaften (LPG) beginnt die endgültige Kollektivierung der Landwirtschaft.

3. Juni 1959
Im Berliner Friedrich-Ludwig-Jahn-Stadion verkündet Walter Ulbricht „Jedermann an jedem Ort – jede Woche mehrmals Sport!"

11. Juli 1959
Mit 37,8 °C wird in Berlin die höchste Temperatur seit 1830 in Deutschland gemessen.

20. November 1959
Erster Auftritt des Sandmännchens im Deutschen Fernsehfunk.

1. Januar 1960
Gründung des Zentralzirkus der DDR mit den Zirkussen Busch, Aeros und Berolina.

24. Januar 1960
Einigung über die gesamtdeutsche Mannschaft bei den Olympischen Winterspielen.

12. April 1961
Der sowjetische Kosmonaut Juri Gagarin startet zum ersten bemannten Flug der Menschheit in den Weltraum.

23. April 1961
Ein Bauer aus der DDR flüchtet mit 500 Schafen bei Lübars nach Westberlin.

29. Juli 1961
Einführung eines freien Wochentages pro Monat, des Haushaltstags, für berufstätige, verheiratete Frauen.

13. August 1961
Bau der Berliner Mauer. Bis zum 9. November 1989 Symbol der deutschen Teilung.

7. September 1961
Ostberlin wird als Hauptstadt der DDR zum 15. Bezirk der DDR erklärt.

In dem Kinderwagen haben alle Geschwister gelegen.

Wassermangel sorgten, störte uns Babys wenig. Wir lagen satt und zufrieden in Kinderwagen und Babykörbchen.

Auch wenn in der DDR von einem Wirtschaftswunder wie im westlichen Teil Deutschlands keine Rede sein konnte, ging es erst mal aufwärts mit der Wirtschaft. Man richtete sich zu Hause ein und träumte von Fernseher, Kühlschrank, Waschmaschine, vom eigenen Auto und Urlaub an der Ostsee.

 1. bis 3. Lebensjahr

Klinik oder Hausgeburt?

Auf dem Land waren Hausgeburten mit der Hebamme in diesem Jahr durchaus noch üblich, um neuen Erdenbürgern auf die Welt zu verhelfen. Aber je näher man an einer Stadt wohnte, desto öfter gingen unsere Mütter zur Entbindung in eine Klinik. Dort stand ihnen statt des häuslichen Schlafzimmers ein blitzsauberer Kreissaal offen. Und wenn es Probleme bei der Geburt oder mit dem Säugling gab, waren Ärzte schnell zur Stelle. Die Kindersterblichkeitsrate sank stetig. Das Gesundheitswesen in der DDR entwickelte sich auf einer breiten Basis. Vor allem bei der Kinderbetreuung hatte man einmal mehr begriffen, dass eine niedrige Säuglingssterblichkeit künftig durchaus als Aushängeschild zur Demonstration der „Überlegenheit des Sozialismus" taugte.

Stolz geht's zur Taufe.

Ein Vorname reicht

Wir Kinder vom Jahrgang 1959 heißen Frank, Thomas und Matthias, Sabine, Annette und Katrin. Mandy und Maik galten schon als exotisch. Während viele ältere Geschwister noch getauft worden waren und einen zweiten Vornamen bekamen, reichte uns in der Regel einer aus. Das fanden wir damals zwar langweilig, aber nicht weiter tragisch.

Überhaupt gehören wir zu einer Generation, die einfach so das Licht der Welt erblickte, von den Eltern kurz nach der Geburt einen Namen erhielt und dann ohne weitere Feier ins Leben ging. Die wenigsten unserer Eltern bekannten sich zu einem religiösen Glauben. Die Taufe nach alter Tradition galt als Auslaufmodell.

Die sogenannte „sozialistische Namensgebung" in volkseigenen Betrieben, bei der statt des Pfarrers bzw. Pastors der SED-Parteisekretär oder andere staatliche Redner ein namengebendes Ritual vollzogen, gab es 1959 erst in Ansätzen. Sie hat sich im Übrigen auch nie durchgesetzt.

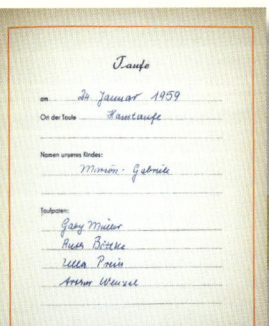

Das erste große Fest!

KiNa und Baumwollwindeln

Dass unsere Mütter ihre Babys stillten, war selbstverständlich. Doch einem längeren geregelten „Die-Brust-Geben" stand entgegen, dass viele von ihnen berufstätig waren und nach sechs Wochen der Mutterschaftsurlaub bereits beendet war. Ob nun eine Kinderkrippe oder die Oma einsprangen und die Betreuung stundenweise übernahmen – wir mussten recht schnell ohne Muttermilch auskommen. Zum Glück gab es KiNa, Kinder-Nahrung. Das war ein spezielles Milchpulver für Säuglinge. Es wurde mit Wasser aufgekocht und in Fläschchen gefüllt, enthielt alle wichtigen Nährstoffe, war offensichtlich gut verträglich und machte satt. Man konnte immer gleich mehrere Fläschchen vorbereiten, kühlen und dann im Laufe eines Tages „verfüttern". Das half ganz ordentlich Zeit zu sparen, denn viel Tagesmühe unserer Mütter ging beim Wäschewaschen drauf.

Wegwerfwindeln waren noch nicht erfunden, geschweige denn, dass man sich diese Ausgabe hätte leisten können. Also wurden die Windeln erst mal im wassergefüllten Windeleimer gesammelt, anschließend gekocht, dann gebügelt (damit sie auch wirklich keimfrei wurden) und schon konnte die Windelei neu losgehen. An die zarte Haut der Babypopos kamen nur Puder und Baumwollwindel. Sonst nichts!

Stubenwagen und Gitterbettchen

Noch vor unserer Geburt richteten die werdenden Mütter unser erstes Bettchen her: In vielen Familien war es Tradition, dass der Wäschekorb aus geflochtener Weide umgerüstet, mit einer Babymatratze ausgelegt sowie innen und außen mit buntem Stoff ausgeschlagen wurde. Das war unsere erste Schlafgelegenheit. Praktischerweise wurde das Ganze auf einem Gestell mit vier kleinen Rädern befestigt, sodass man es im Haus oder in der Wohnung überall hinschieben konnte. Da Babys in den ersten drei Monaten

So ein Laufställchen
war schon praktisch.

1. bis 3. Lebensjahr

aber ordentlich an Gewicht zulegen, reichte der Stubenwagen bald nicht mehr aus. Wir wechselten also ins weiße Gitterbettchen. Das hatte seinen festen Platz noch monate- oder gar jahrelang im Schlafzimmer der Eltern, damit größere Geschwister nachts ungestört schlafen konnten.

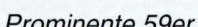

Prominente 59er

25. März	**Petra Zieger** *(Rock-Sängerin)*	26. Juni	**Leander Haußmann** *(Film- und Theaterregisseur, Schauspieler)*
26. April	**Tom Pauls** *(Schauspieler, Kabarettist)*	21. Sept.	**Claudia Wenzel**
4. Mai	**Inger Nilsson** *(alias Pippi Langstrumpf)*		*(Schauspielerin)*
11. Mai	**René Müller** *(Torwart, Fußball-Legende)*	4. Dez.	**Christa Luding-Rothenburger** *(ehem. Eisschnellläuferin, Radsportlerin)*

Der erste Sportwagen

Von schicken Kinderwagen konnte damals noch keine Rede sein. Die flachen Kinderwagen mit gummibereiften Rädern, wie sie schon in den 1950er-Jahren üblich waren, wurden lange weitergeschoben. Manche waren sogar zweifarbig gestrichen, manche aus hellem Weidengeflecht. Die meisten werdenden Eltern waren froh, wenn sie von älteren Kindern, aus der Nachbarschaft oder von Verwandten so ein Gefährt übernehmen konnten.

Ganze Baby-Generationen sind in den funktionalen Wagen von ZEKIWA, dem Zeitzer Kinderwagenwerk, durch die Gegend gefahren worden, haben die Welt entdeckt und an der

Das erste „Cabrio".

Spaß in der Großfamilie.

frischen Luft geschlummert. Konnten die Kinder sitzen, musste der erste Sportwagen her. Ein bunter, gepolsterter Stoffsack wärmte Körper, Arme und Beinchen der größeren Babys, die in Omas selbst gestrickter Ausfahrgarnitur, sprich Mütze und Strickjäckchen, die Welt entdeckten.

Ab aufs Töpfchen!

Ob unsere Mütter nun berufstätig waren oder nicht, irgendwann musste die ständige Windelei schließlich aufhören. Also hieß es brav aufs Töpfchen gehen. Zu Hause rutschte mancher von uns stundenlang darauf in der Küche herum, bis sich endlich das gewünschte Ergebnis einstellte. Irgendwann begriffen auch die unerfahrenen Mütter, dass der langweilige Vorgang abgekürzt werden konnte, wenn es geregelte Zeiten dazu gab. In den Kinderkrippen gingen die Kleinen meist zusammen in den Waschraum, wo sie das Ritual in trauter Gemeinsamkeit vollzogen, eifrig miteinander schwatzend. Manche waren dabei immer die Ersten, manche immer die Letzten. Sauber geworden sind wir schließlich alle. Trotzdem hielten es manche Mütter wohl für ein Zeichen guter Erziehung, wenn sie stolz erzählten, wie besonders früh ihr Kleiner doch trocken geworden ist. Dabei spielte das später im Leben überhaupt keine Rolle mehr.

Greif zur Feder, Kumpel!

Am 24. April 1959 findet die 1. Bitterfelder Konferenz über kulturpolitische Probleme statt. Unter dem Motto „Greif zur Feder, Kumpel! Die sozialistische Nationalkultur braucht Dich!" entstehen in den volkseigenen Betrieben Zirkel

schreibender Arbeiter, die in den folgenden Jahren sozialistisch angehaucht den Weg in die neue Zukunft unter Führung der SED beschreiben. Auch ernsthafte Talente und junge, begabte Schriftstellerinnen wie Brigitte Reimann begleiten diesen Weg.

Gut behütet in Mamas Arm.

Der Bau der Berliner Mauer

„Niemand hat die Absicht, in Berlin eine Mauer zu errichten!" Kaum hatte der damalige DDR-Staatsratsvorsitzende Walter Ulbricht das gesagt, ließ er die Kampftruppen anrücken und unter militärischer Aufsicht zwischen dem Ostsektor und den drei Westsektoren Berlins eine Mauer bauen. Damit wurde – zum Entsetzen der Menschen in Ost und West – in der Nacht vom 12. auf den 13. August 1961 die Teilung der zwei deutschen Staaten für mehr als 38 Jahre besiegelt.

Die Aktion startete heimlich: DDR-Grenztruppen rissen Straßen auf und umschlossen mit Stacheldraht und Stacheldrahtzäunen den amerikanischen, französischen und britischen Sektor. Zwei Tage später verstärkten erste Betonelemente und Hohlblocksteine die Anlage. Während der

Plötzlich sind die Berliner durch eine Mauer voneinander getrennt.

nächsten Monate wurde eine Mauer aus Steinen und Betonblöcken errichtet. Um Fluchtversuche zu verhindern, ergänzte ab Juni 1962 eine zweite Mauer, die Hinterlandmauer, die Befestigung. Da das immer noch nicht sicher genug erschien, wurde um 1965 eine dritte gebaut, die wiederum 1975 durch die vierte Generation der Mauer ersetzt wurde. Damit umschlossen Westberlin 155 km Stacheldraht und Beton auf einer durchschnittlichen Höhe von 3,60 Meter sowie Elektrozäune, Wachtürme und Wachposten. Sie sollte sich als widerstandsfähiger gegen Umwelteinflüsse sowie Grenzdurchbrüche erweisen.

Parallel zum Mauerbau in Berlin schottete sich die DDR mit Zäunen und Stacheldraht an der Westgrenze zur Bundesrepublik ab. Damit stoppte sie den immer größer werdenden Flüchtlingsstrom von Ost nach West. An den innerdeutschen Grenzen starben bis 1989 noch 78 Menschen bei Fluchtversuchen.

Gute-Nacht-Geschichten

Ein Klassiker unter den Kinderbüchern.

Es gibt nichts Schöneres als eine Geschichte vor dem Einschlafen. Wurde vorgelesen, durfte man sich sein gerade aktuelles Lieblingsbuch wünschen. Unvergessen sind die Bildgeschichten von Elizabeth Shaw. Immer kurzweilig geschrieben und liebevoll gezeichnet „Der kleine Angsthase" gehörte dazu. Und unbedingt auch „Zilli, Billi und Willi". Das sind drei kleine Schweine, die jedes für sich ein Häuschen bauen, Zilli aus Stroh, Billi aus Holz und Willi aus Stein. Nur – als der böse Wolf kommt und Zillis Haus aus Stroh wegpustet, ist es mit der Idylle vorbei. Billis Holzhaus hielt das Pusten nicht viel länger aus. Nur Willis Haus aus Stein hielt – „so sehr der Wolf auch hustete und pustete". Mit der Zeit konnten selbst Dreijährige die Texte auswendig. Wehe, wenn die Mutter beim Lesen einfach mal einen Vers oder eine einzige Zeile wegließ, um Zeit zu sparen. Das war bei der Häschenschule oder den Geschichten vom Maulwurf, einem tschechischen Bilderbuch mit kurzen Versen, nicht anders. Noch heute macht es Spaß, die alten Kinderbücher vorzulesen.

Heute noch beliebt: die Häschenschule.

Mit der **Brot-tasche** in den Kindergarten

Auf dem Karussell
fahren alle gleich schnell.

Geschwister, Freunde, Nachbarn

Bei uns im Haus hatten alle Familien Kinder. Große Schwester, kleiner Bruder,
zwei Schwestern – waren alle selbstverständlich. Abgelegte Kleidungsstücke
wurden automatisch weitergereicht. Manchmal freute man sich schon auf
einen besonders schicken Rock, wenn er der Älteren endlich zu klein wurde.
Oft genug verzog man aber auch das Gesicht, wenn wieder so ein Teil im
Anrollen war. Meist mussten die Großen auf die Kleinen aufpassen. Und hatten
dazu eigentlich keine Lust. Trotzdem wurden wir überall mit hingeschleppt und
eingeteilt: Zum Geschirrabtrocknen, Kartoffelschalen in den Abfall tragen,
Einkaufen. Selbst zur Freundin wollten wir mit, durften das aber nur, wenn es
gar nicht anders ging. Bekamen die Eltern Besuch, vergrößerte sich die Runde
um Cousins und Cousinen. Nach dem unvermeidlichen Stillsitzen bei Kaffee

Chronik

24. Januar 1962
Die Volkskammer beschließt das „Gesetz über die allgemeine Wehrpflicht" in der DDR.

14. Mai 1962
Austragung der ersten Kinderolympiade in Dresden.

14. Dezember 1962
Die Handelsorganisation Intershop wird gegründet. In den Läden dürfen nur Ausländer mit konvertierbarer Währung (Westgeld) einkaufen.

8. März 1963
Erstmals liest eine Nachrichtensprecherin die „Aktuelle Kamera": Annerose Neumann.

24./25. Juni 1963
Wirtschaftskonferenz des ZK der SED und des Ministerrates beschließt mit dem „Neuen ökonomischen System der Planung und Leitung der Volkswirtschaft" (NÖSPL) eine Wirtschaftsreform.

27. August 1963
Der Wiederaufbau des Dresdner Zwingers ist abgeschlossen.

1. September 1963
Fusion der beiden DDR-Fluggesellschaften Deutsche Lufthansa der DDR und Interflug zur Interflug. Sie ist damit die einzige Airline der DDR.

17. Dezember 1963
Erstes Passierscheinabkommen zwischen der Regierung der DDR und dem Senat von Westberlin. Westberliner können demnach Verwandte in Ostberlin zu Weihnachten und Neujahr besuchen.

12./13. März 1964
Robert Havemann, Professor an der Humboldt-Universität, wird als „Wortführer eines oppositionellen demokratischen Kommunismus in der DDR" aus der SED ausgeschlossen und von seinen „Verpflichtungen an der Universität entbunden".

September 1964
Gründung der ersten DDR-Beatgruppe: Team 4. 1967 wurde sie in „Thomas Natschinski und Gruppe" umbenannt.

31. Dezember 1964
Das Ergebnis der ersten Volkszählung nach 1950 ergibt für die DDR eine Einwohnerzahl von 17 003 645. Das sind 1,3 Mio. Menschen weniger als 1950.

und Kuchen verdrückten wir uns immer schnell in den Hof zum Spielen.

Nach anfänglichem Zögern, man trug schließlich die guten Sonntagssachen, zog die Bande gemeinsam los: Die Kleineren in den Sandkasten zum Buddeln, die Größeren zum Ballspielen auf die Wiese. Ob Junge oder Mädchen war in diesen Jahren noch egal.

Sandmann, lieber Sandmann

Es kam mit dem Trabi oder einem Mondmobil, im U-Boot, auf dem Rad, in der Rakete oder ganz einfach per pedes, aber immer pünktlich: das Sandmännchen. Der vertraute kleine Kerl flimmerte jeden Abend punkt 18.50 Uhr über die Mattscheiben in den Wohnzimmern, um uns Kinder mit einer Prise Sand in den Schlaf zu schicken. Wir freuten uns auf seine Gute-Nacht-Geschichten mit Taddeus Punkt und Struppi, Frau Puppendoktor

Pille, Solveig oder den Tieren aus dem Märchenwald: Meister Uhu und Frau Igel. Am schönsten fanden wir das sonntags. Dann stritten sich Herr Fuchs und Frau Elster.

Oder Pittiplatsch, der Liebe, Schnatterinchen und Brummel bzw. später der (aus der Sowjetunion eingeflogene) Mischka-Bär tauschten ihre Tageserlebnisse aus. Frau Puppendoktor Pille mit der großen klugen Brille hatte immer einen Gesundheitstipp parat. Einmal rechnete sie uns Kindern vor, wie viele Kalorien ein Bonbon hat. Taddeus Punkt liebten wir wegen seiner lustigen Geschichten und Zeichnungen, die er mit Struppi auf dem Arm auf eine Staffelei malte. Nie werde ich vergessen, dass er uns einen Abend innig bat, für den in Griechenland gefangenen Mikis Teorakis eine Rose zu malen und ihm ins Gefängnis zu schicken. Das sollte zu seiner Befreiung beitragen und dem Friedenskämpfer Mut machen. Tage später, meine Rose war längst gemalt und bei der Post, erfuhr ich, dass ich den Namen falsch geschrieben hatte. Theodorakis hieß er richtig! Meine Rose konnte ihn also nicht erreichen. Alles umsonst! Der arme Mann ...

Das Sandmännchen, Liebling aller Kinder.

Wenn Mutti früh zur Arbeit ging ...

... nahmen wir unsere Brottasche und zogen los. In den Kindergarten. Fast alle Vorschulkinder gingen dorthin. Und nicht alle wurden morgens von den Eltern gebracht. Der Verkehr war Anfang der 1960er-Jahre noch überschaubar, die Wege für die meisten kurz. Größere Geschwister nahmen uns Kleine oft auf dem Schulweg mit und lieferten uns dann bei den Kindergärtnerinnen ab. Nach dem Mittagsessen bauten jene schon ganz allein ihre Liegen auf, die auch zum Mittagsschlaf im Kindergarten blieben. Die anderen, die Mittagskinder, saßen noch rum und warteten auf ihre Abholung. Oder sie gingen, wenn es denn ausdrücklich so festgelegt war, allein nach Hause. Wir liebten den Weg, der an einer belebten Hauptstraße entlangführte. Er war zwar etwas länger, aber man konnte herrlich in die Schaufenster kucken. Unsere warme Mahlzeit hatten wir ja schon im Bauch und der Nachmittag gehörte uns – je nachdem, was Mutti oder die Oma geplant hatten.

Unsere Stars: Die Fernsehlieblinge

Seit 1962 fragte die Berliner Zeitung jedes Jahr nach den „Fernsehlieblingen". So nannten wir die Stars in der DDR. Es waren meist Jahr für Jahr die gleichen: Die Schauspieler Rolf Herricht und Helga Hahnemann, das Sandmännchen, Herr Fuchs und Frau Elster, die Moderatoren Margot Ebert und Heinz Quermann, der Reporter Heinz Florian Oertel und die Schlagersänger Chris Doerk und Frank Schöbel. Unvermeidlich stets dabei: der „beliebteste" Sprecher der DDR-Nachrichtensendung „Aktuelle Kamera", Klaus Feldmann.

Immer dabei:
Herr Fuchs und Frau Elster.

Tag des Kindes

Am ersten Juni war im Kindergarten immer was los! Da feierten wir mit unseren Erzieherinnen den Internationalen Kindertag. Bei Sportwettbewerben zeigten wir Kleinen, wie schnell wir schon laufen konnten. Dann gab es Puppentheater und Kinderspiele. Wir malten bunte Bilder, hörten Geschichten von armen Kindern in kapitalistischen Ländern, sangen das Lied von der „Kleinen weißen Friedenstaube" und freuten uns über die tollen Preise, die es für die Gewinner gab. Der Tag des Kindes war immer ein freudig erwarteter Höhepunkt.

Basteln war eine beliebte Beschäftigung im Kindergarten. Einen Anlass für Bastelarbeiten gab es immer: Vor Ostern wurden (zu Hause) ausgeblasene Eier bemalt, Weihnachten aus glatt gebügeltem Stroh kleine Weihnachtssterne geklebt. Wir bastelten für Oma und Opa, für die Soldaten zum Tag der Nationalen Volksarmee und die Arbeiter der Patenbrigade, für die Volkssolidarität und den Tag des Lehrers, für den Weltfrieden und weil gerade schlechtes Wetter war. Kein Blatt Papier, das nicht bemalt wurde, kein weißes Tuch, das man nicht mit Kartoffeldruck in ein nettes, buntes Tischdeckchen verwandeln konnte. Wir flochten Wandbilder aus vorgeschnittenem Flechtpapier, verarbeiteten alte Wolle zu neuen Bommeln und häkelten Topflappen. Topflappen kamen immer gut an – bei unseren Müttern, Tanten, freundlichen Nachbarn. Mädchen und Jungs bastelten, was das Zeug hielt.

In den Kindergarten gingen wir (fast) immer gern.

Unsere erste Kultfigur hieß Bummi.

Kam ein kleiner Teddybär ...

... aus dem Spielzeugland daher. Das Bummi-Heft war unsere erste Kinderzeitschrift. Sie erschien seit 1957 mit Geschichten, Liedern und bunten Comics, Bastelanleitungen und Spielen für Vorschulkinder. Dazu sangen wir das Bummi-Lied vom wuschelweichen, gelben Bär und seinen Freunden. Jeden Monat standen neue Spiele und Rätsel darin, dazu Bildvorlagen zum Bemalen, Ausschneiden und Ideen fürs Basteln. Der Bummi erscheint bis heute beim Pabel-Moewig Verlag, Rastatt.

Ich male eine Bild für Oma.

Die einzige Kinderzahncreme des Landes hieß simplerweise Putzi. Wir drängelten als Kinder so lange, bis sie endlich gekauft wurde. Es gab sie sogar in verschiedenen Geschmacksrichtungen wie Himbeere und Kakao, wenn es sie denn gab. Besonders toll fanden wir die Geschenkpackung mit Zahncreme, -bürste, Mundwasser und Becher.

Herr Fuchs und Frau Elster

Sie waren neben Pittiplatsch, Schnatterinchen, Onkel Uhu, Meister Nadelöhr und Teddy Brumm die Lieblinge der kleinen Fernsehzuschauer: Herr Fuchs und Frau Elster. Das ungleiche Paar flog entweder zur Kinderstunde am Sonntagnachmittag via Bildschirm in die häuslichen Wohnzimmer ein oder erst am Abend zum Abendgruß. Sie stritten immer um albernen Kinderkram, verlorene Perlenketten, liegen gebliebenen Müll im Märchenwald oder unpünktliche Verabredungen. Eitel waren beide, aber sehr liebenswert. Und ihre Behausungen im Fuchsbau bzw. im Elsternest fanden wir wunderbar gemütlich. Am Ende der kurzen Filme lösten sie jedes Problemchen gemeinsam. Friede, Freude, Eierkuchen.

Herr Fuchs und Frau Elster lösten jedes Problem.

Clowns mussten aussehen wie Ferdinand.

Und dann gab es noch Clown Ferdinand. Typisch: bunt bemaltes Gesicht, hochgekämmte Haare, gestreiftes T-Shirt, karierter Anzug und Sonnenblume. Gesagt hat er nichts, aber seine Figur und sein Spiel waren für uns immer Höhepunkte, wenn wir vor der Mattscheibe sitzen durften. Der tschechische Schauspieler Jirí Vrstala erfindet 1955 gemeinsam mit dem Regisseur Jindrich Polák die Gestalt des Clowns Ferdinand *und wird mit ihr international berühmt. Ferdinand ist der Held zahlreicher Kinderfilme der CSSR, und Vrstala spielt ihn gelegentlich auch für Erwachsene bei öffentlichen Veranstaltungen. Mitte der 1960er-Jahre verlegt der Schauspieler seinen Wohnsitz nach Berlin. Bis 1975 steht Clown Ferdinand im Mittelpunkt vieler Produktionen der DEFA und des DDR-Fernsehens. Er stirbt 1999 in Berlin.*

4. bis 6. Lebensjahr

Bubi, Fips und Kater Felix

Kinder auf dem Dorf wurden automatisch mit Tieren groß. In den Ställen der LPG, den Landwirtschaftlichen Produktionsgenossenschaften, standen Kühe, Schweine und Schafe. Zu Hause hielten viele Familien auf dem Land noch Kaninchen und Hühner, manche sogar Tauben, und fast alle hatten eine Katze oder einen Hund. Viele Altersgefährten durften bei der Pflege und beim Füttern helfen, manche hatten gar ein eigenes Tier in Pflege. Wehe, wenn Kaninchen Muhle irgendwann dann doch in der Pfanne landete! In der Stadt sah das anders aus: Die Tierhaltung in der Wohnung war von Natur aus eingeschränkt.

Verbreitet waren Fische, Ziervögel, Meerschweinchen. Manche hatten eine Schildkröte. Die fanden Freunde aber meist langweilig, weil zu langsam. Außerdem hielten Schildkröten Winterruhe. Da sah man sie gleich gar nicht. Sittichen konnte man (mit viel Geduld) wenigstens Sprechen beibringen. Namen hatten eigentlich alle. Wellensittiche hießen meist Bubi, Meerschweinchen Fips, Kater Felix. Nur die Guppys, Buntbarsche und Salmler im Aquarium zogen ihre Runden stumm und namenlos.

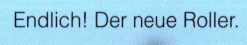
Endlich! Der neue Roller.

Bunte Kinderträume

Viele von uns träumten von einem eigenen Zimmer, weil sie das Kinderzimmer mit allen Geschwistern teilten. Meist brachte das viel Spaß vor dem Einschlafen, da man ja eh' noch nicht müde war. Aber das bedeutete eben auch, dass man (fast) alles teilen musste: Tisch und Stühle, den Kleiderschrank und das Spielzeugregal. Dort lagen die Schätze jedes Einzelnen: Zum Beispiel Pebe-Bausteine aus buntem Plastik, mit denen man Häuser und Kräne bauen konnte, oder Kistchen mit Bastelkram und Sammlerstücke vom letzten Urlaub. Da lagen auch die Gesellschaftsspiele Mensch ärgere Dich nicht, Dame und Mühle, Spielkarten und Musikinstrumente wie die Triola.

Manchmal waren die Haustiere größer als wir selbst.

Das war ein Kinder-Blasinstrument aus Plastik mit bunten Tasten, auf dem man ohne große Umstände Melodien wie „Hänschen klein" lernen und richtig spielen konnte. Der Holzroller lehnte an der Wand. Die Lieblingspuppe hatte ihren festen Platz im Bett. Sie begleitete uns oft bis zum Teenie-Alter. Zum Geburtstag bekam sie neue Jäckchen gehäkelt, zu Weihnachten vielleicht ein neues Kleid oder ein eigenes Puppenbettchen.

Kleine Mädchen hatten gern lange Haare. Kleine Jungs mussten öfter zum Friseur. Das Haareschneiden selbst ging ja schnell, aber die Warterei, bis die Erwachsenen endlich fertig bedient waren, nervte schon. Schließlich warteten draußen meist Freunde. Damit er die Prozedur nicht so oft ertragen musste, bat ein Junge aus unserem Haus den Friseur immer: Bitte schön kurz! Das sah zwar doof aus, kostete aber auch nur 50 Pfennig.

Legenden auf Rädern – Trabant, Wartburg und Co.

In Zwickau rollen 1962 die ersten PKW der zweiten Variante vom Typ Trabant P 60 vom Band. In Weiterentwicklung seines Vorgängers, des P 50 mit 18 PS und 500 ccm Hubraum, hat er schon enorme 23 PS und 600 ccm. Bis 1965 werden 106 628 dieser Trabbis gebaut. 1963 beginnt parallel die Produktion des Trabant Typ P 601, von dem bis 1991 insgesamt 2 818 547 hergestellt werden. Der Preis für die Limousine P 50 liegt bei 7450 Mark, der für den Trabbi P 60 bei 7850 Mark. Diese Grundpreise bleiben zu DDR-Zeiten aus politischen Gründen immer gleich, auch wenn im Laufe der Jahre verschiedene Aufschläge dazukommen, selbst für die Farbe.

Später tauchte der kleine Flitzer selbst im Schlagerstudio auf: „Ein himmelblauer Trabant" hielt sich wochenlang in der Hitliste. Aus dem Straßenbild nicht

wegzudenken sind, zudem der PKW
Wartburg sowie der Barkas-Klein-
transporter B 1000, von dem bis 1991
177 537 Stück gebaut werden.
Zusätzlich gehen 75 240 Exemplare
dieses „Exportschlagers" ins Ausland.

Alles raus zum 1. Mai

Schon Tage vor dem 1. Mai beobachteten wir, wie die Staatsflagge der DDR,
rote Fahnen und Transparente mit Losungen in den Straßen aufgehängt
wurden. Konsum- und HO-Läden stellten Plakate mit roten Mainelken ins
Schaufenster: „Alles raus zum 1. Mai!", stand darauf.

Die Eltern überlegten, ob sie zum Umzug gehen wollten oder mussten, weil
ein Fernbleiben Schwierigkeiten im Betrieb nach sich ziehen würde. Wir Kinder
gingen in diesem Alter
noch gern mit zur großen
Mai-Demonstration. Da war
doch was los! An der Hand
von Vater oder Mutter,
beide mussten ja getrennt
mit ihrem Betrieb mar-
schieren, schwenkten wir
kleine DDR-Fahnen und
bunte Wimpel und zogen
mit. Am schönsten war
das, wenn am 1. Mai
schon die Sonne schien.

Alle waren dabei am 1. Mai.

Dann durften wir endlich Kniestrümpfe tragen. Die Erwachsenen ließen den Tag meist in einem Ausflugslokal ausklingen und tranken Bier zu Würstchen und Salat. Wir Kinder bekamen grüne oder rote Limo und spielten in den guten Sonntagssachen. Von Politik hatten wir keinen Schimmer, aber dass es an diesem Tag immer um Frieden, den Sozialismus und die Freundschaft zur Sowjetunion ging, das war klar.

Muscheln, Steine, Stammbuchsbilder

Wer seinen Urlaub an der Ostsee verbrachte, kam mit einer Tüte Muschelschalen und – als Krönung des Ferienglücks – mit winzigen Bernsteinen wieder. Oder man hatte schöne Steine im Campingbeutel, manchmal sogar einen Hühnergott mit Loch darin, der als Glücksbringer an einem Bindfaden eine Zeit lang um den Hals getragen wurde – bis er abfiel und verloren ging. Wir sammelten alles mit Leidenschaft. Auch abgefahrene Fahrkarten, bunte Knöpfe, Wollreste. Wer zu Hause viel Post bekam, sammelte Briefmarken. Eine andere Sammlerleidenschaft galt Stammbuchsbildern.

Besonders beliebt und damit begehrte Tauschobjekte waren ganze Bögen mit Babys, Tierkindern und bunten Blumen. Möglichst mit Glitzer obendrauf. Die gab's leider nicht im Schreibwarengeschäft. Sie steckten in Westpaketen, die Nachbarskinder von Verwandten bekamen. Ohne diese „Zulieferer" musste man schon ganz schön clever sein, um sie gegen zig andere Dinge einzutauschen.

Baby- und Tiermotive
waren am begehrtesten.

4. bis 6. Lebensjahr

Stille Nacht, heilige Nacht

Wir sangen zwar religiöse Weihnachtslieder wie „Stille Nacht, heilige Nacht", aber das Christkind kam nicht zu uns. Nur wenige Familien bekannten sich zum christlichen Glauben und gingen regelmäßig in die Kirche. Zu uns kam also jedes Jahr am 24. Dezember der Weihnachtsmann und brachte die Geschenke. Das Fest wurde nicht als Geburt Christi zelebriert, sondern im Kreis der Familien begangen. Mit Oma und Opa, Tante und Onkel und natürlich einem bunt geschmückten Weihnachtsbaum. Alle bekamen Geschenke: die Mütter meist „was Praktisches" für die Küche und eine Geschenkpackung mit Seife und Parfüm, die Väter neue Socken. Wir Kinder freuten uns in diesem Alter am meisten über neues Spielzeug, den neu einge-richteten alten Kaufmannsladen, Kleidchen für die Puppe, Kinderbücher und den obligatorischen bunten Teller mit Schokoladenweihnachtsmann, Nüssen und einer Orange. Für Jungs wurde in der Weihnachtszeit, wenn vorhanden, die Spielzeugeisenbahn, Spur H0 von PIKO, aufgebaut, an der ihre Väter so herrlich herumbasteln konnten. Wir warteten aber auch mit eigenen, selbst gebastelten Geschenken für alle auf: Oma und Tante bekamen die in der Adventszeit liebevoll gehäkelten Topflappen überreicht, über die sie sich uns zuliebe natürlich immer riesig freuten.

Vater und Mutter beglückten wir gern mit einem selbst gemalten Bild. Nach der sehnsüchtig erwarteten Bescherung wurde gemeinsam gegessen: Jede Familie hatte ihre traditionellen Gerichte: Bei manchen gab es Kartoffelsalat mit Würstchen, bei anderen schon eine große Tafel mit gebackenem Karpfen, Meerrettich und Salzkartoffeln. Wir Kinder durften neben den brennenden Kerzen am Baum meist noch lange mit den neuen Errungenschaften spielen. Da war es doch gut, Geschwister zu haben, die im Kaufladen nach Marzipan-kartoffeln und Waschpulver-Päckchen im Miniformat fragten.

Peter und der Wolf

„Früh am Morgen öffnet Peter die Gartenpforte und geht auf die große Wiese. Dort beobachtet er den kleinen Vogel und die Ente, und er sieht, wie sich eine Katze anschleicht ..." So nimmt die Geschichte von Peter und dem Wolf ihren Lauf. Man konnte sie als Schallplatte kaufen und miterleben, wie der kleine Peter ohne Angst einen großen Wolf fängt. Doch genauso wie der Text gehörte die herrlich anschauliche Musik des russischen Komponisten Sergej Prokofjew zur Geschichte. Jede Figur, Peter und der Großvater, der kleine Vogel, die Ente und natürlich der große graue Wolf, klangen durch ihr eigenes Instrument. Mit Geige, Horn oder Oboe konnte man sich die einzelnen Figuren viel besser vorstellen. Unsere Kindergärtnerin spielte uns die Schallplatte vor, denn nur wenige hatten damals ein eigenes Abspielgerät zu Hause.

Neues Geld

Ende Juli 1964 änderte die DDR den Namen ihrer Währung von „Deutsche Mark der Deutschen Notenbank" in „Mark der deutschen Notenbank". Die neuen Banknoten trugen die Währungsbezeichnung „Mark der deutschen Notenbank" (MDN). Die Geldscheine zeigten Alexander von Humboldt, Schiller, Goethe, Engels und Marx. Ab Januar 1968 mussten sich die Bürger mit der Umbenennung des Geldes in „Mark der DDR" erneut umstellen. Den 50-Mark-Schein kennzeichnete ein Bild mit Friedrich Engels, den 100-Mark-Schein Karl Marx. Die Geldscheine zu 200 Mark und zu 500 Mark wurden nie ausgegeben. Ihre Existenz kam erst nach 1989 ans Licht.

DDR-Währung im Laufe der Zeit.

Erste **Zensuren,** Hausaufgaben, **Pflichten**

Der erste Schultag

Der 31. Mai ist Stichtag, sagten unsere Eltern immer. Wer davor geboren wurde, kam 1965 zu Schule, wer danach das Licht der Welt erblickt hatte, erst 1966. Die richtige Vorfreude begann für viele von uns mit dem Einkleiden für den festlichen Tag, der jeweils am ersten Sonntag im September nach den großen Ferien stattfand. Jede Schule ließ sich dafür etwas einfallen.

Wer viele Verwandte hatte, bekam auch viele Schultüten.

24

In den ersten Schultagen waren wir noch brav.

Chronik

25. Februar 1965
Die Volkskammer verabschiedet das „Gesetz über das einheitliche sozialistische Bildungssystem".

20. Oktober 1965
Eröffnung der Galerie Neue Meister in Dresden.

21. Dezember 1965
Gründung des 1. FC Magdeburg als erster selbstständiger Fußballclub in der DDR.

21. Dezember 1965
Das Familiengesetzbuch der DDR stellt eheliche und uneheliche Kinder gleich und schafft bei Scheidungen das Schuldprinzip ab.

9. Mai 1966
In Rheinsberg wird das erste Atomkraftwerk der DDR in Betrieb genommen.

10./11. Dezember 1966
Der „Verband der Theaterschaffenden" wird gegründet. Zum ersten Präsidenten wird Wolfgang Heinz gewählt.

20. Februar 1967
Die Volkskammer verabschiedet das Gesetz über die „Staatsbürgerschaft der DDR".

28. August 1967
Einführung der 5-Tage-Arbeitswoche (wöchentliche Arbeitszeit 43,75 Stunden).

6. April 1968
Volksentscheid über die sozialistische Verfassung der DDR. Sie tritt am 8. April 1968 in Kraft.

30. Mai 1968
Sprengung der Universitätskirche Leipzig.

Juni 1968
Produktion der ersten DDR-Rock-LP mit der Thomas-Natschinski-Gruppe. Titel: „Die Straße".

20./21. August 1968
Einmarsch von Truppen des Warschauer Paktes in die CSSR zur Niederschlagung der Reformbewegung. NVA-Truppen werden in Bereitstellungsräumen in der DDR als Reserve bereitgehalten.

12. Oktober 1968
Das NOK der DDR wird als gleichberechtigtes Mitglied in das Internationale Olympische Komitee aufgenommen. Bei den Olympischen Spielen in Mexiko treten erstmals zwei deutsche Mannschaften an.

Bei uns holte immer ein Junger Pionier einen Schulanfänger zu Hause ab und begleitete ihn zur Schulanfangsfeier. Da hielt der Schuldirektor eine kleine Rede, ältere Schüler sangen Lieder und erzählten in einem bunten Programm, wie heiter der Schulalltag doch sei. Danach bekamen wir sie endlich – die herbeigesehnte Schultüte mit Bonbons und Schokoplätzchen. Und damit die Geschwister nicht traurig wurden, bekamen sie eine bunte Tüte im Miniformat. Aufgeregt waren alle, denn die unbekümmerte Zeit im Kindergarten war nun vorbei: Mit der Schulzeit kamen erste Pflichten, Zensuren, Hausaufgaben …

Heute stehe ich im Mittelpunkt!

7. bis 10. Lebensjahr

Seid bereit!

Kaum hatten wir die ersten Buchstaben gelernt, stand in der ersten Klasse die Aufnahme als „Junger Pionier" in die Pionierorganisation Ernst Thälmann an. Das mehr oder weniger feierliche Ritual fand in der Schule statt, zum jährlichen Pioniergeburtstag am 13. Dezember. Von da an begleiteten unser Schülerleben das blaue Pionierhalstuch, weiße Pionierhemden, Pioniernachmittage, Pionierwimpel und die Wahl des Pionierrates der Pioniergruppen. In der vierten Klasse wurden wir dann automatisch Thälmann-Pioniere und mussten einen Groschen Beitrag zahlen. Erst in der achten Klasse tauschten wir das Halstuch gegen die FDJ-Bluse, zahlten fortan 30 Pfennig Mitgliedsbeitrag und galten als „Kampfreserve der Partei".

Trommel, geh uns stets voran!

Nach dem „Bummi" lasen einige von uns die „ABC-Zeitung", die „Frösi" oder die „Trommel", die für Jungpioniere, also Schüler der Klassen eins bis vier gedacht war. Herausgeber war der Zentralrat der FDJ. Die Beiträge handelten von guten Nachrichten aus dem Pionierleben, Hilfe bei Nachbars, Bastelideen und Solidaritätsaktionen wie dem Sammeln von Altpapier, Lumpen und Glas mit Elefant Emmi. Nebenbei erfuhren wir schlimme Geschichten über arme Kinder aus kapitalistischen Ländern und gute Taten der SED-Genossen, die man uns rechtzeitig als Vorbilder pries. Anders als die ABC-Zeitung oder die Frösi ähnelte die Trommel schon eher einer Tageszeitung. Auf dem Weg zum Sozialismus zogen wir also erst mal frohen Mutes mit.

Fröhlich sein und singen, das klappte mit und ohne Pionierhalstuch.

Beim Trommellied, den Abenteuern der Comic-Figuren Piefke und Schniefke oder den Witzen in der Rubrik „Die fröhliche Minute" fiel uns das aber erst mal nicht auf.

Unauffälliger kam in dieser Beziehung die „Atze" daher, ein Comicmagazin im kleineren Format, über das der FDJ-Zentralrat aber ebenfalls seine regulierenden Hände hielt. Jedes Heft schloss immer mit einer neuen Folge von Jürgen Kiesers „Fix und Fax", zwei bunten Mäusehelden, die gemeinsam mit Freunden aus jeder kleinen Begebenheit das große Abenteuer machten.

Sing mit!

Jede Schule hatte verschiedene Arbeitsgemeinschaften. Da konnte man nachmittags noch mal hingehen und Volleyball oder Handball spielen, zeichnen, stricken und häkeln, zusätzlich Russisch oder die Verkehrsregeln lernen, Briefmarken tauschen, basteln. Das wurde an den Schulen unterschiedlich gehandhabt und kam wohl auch darauf an, was sich die Lehrer so einfallen ließen.

Eins gab es aber an wohl allen Schulen: einen Schulchor! Ihre Begeisterung für Musik übertrugen viele Musiklehrer auf uns Schüler. Es kamen zwar kaum Jungs zu den Chorproben, aber wer dabei war, sang mit Freude. Selbst Kinder, die das im Grunde genommen gar nicht so besonders gut konnten. Unser Musiklehrer zum Beispiel hieß stets jeden willkommen. Höhepunkte waren Chorwettbewerbe mit anderen Schulen oder Auftritte zu Schulfesten und im Patenbetrieb. Was haben wir da geübt! Einmal mussten wir allerdings vor einer Kaufhalle stehen und gegen den Wind und den Verkehrslärm ansingen. Unser Chorleiter begleitete uns auf dem Akkordeon statt mit dem Klavier und hinter einem Schild versteckt lachten uns die Jungs aus. War das peinlich!

Verkehrserziehung fand auch in der Schule statt.

Wir haben Ferien

In Februar hatten wir Schulkinder drei, im Sommer acht lange Wochen Ferien. Da mussten sich Eltern schon etwas einfallen lassen. Froh war, wer zu den Großeltern, fernen Verwandten oder nahen Freunden fahren durfte. Ansonsten blieben immer noch die Ferienspiele im Schulhort. Für ganz wenig Geld konnte man sich da anmelden und vom Morgen bis zum Nachmittag

Erste Medaillen für die jungen Ruderer.

bleiben. Wir bastelten, spielten, machten Ausflüge in den Zoo und ins Heimatmuseum, gingen ins Kino und zum Puppentheater. Im Winter feierten wir dort Fasching, im Sommer schwammen wir gemeinsam im Freibad. Mittags gab es, wie an den Schultagen, ein warmes Essen. Manche Kinder, deren Eltern mit ihnen nie in den Urlaub fuhren, verbrachten ihre gesamten Ferien hier. Da erlebten sie wenigstens etwas. Die Tage waren ausgefüllt.

Sport spielte eine wichtige Rolle. In allen Kreisen der DDR fanden vom 19. Juni bis zum 4. Juli 1965 zum ersten Mal Kreis-Kinder- und Jugendspartakiaden in den Sommersportarten statt. Die Sportbewegung erhält damit entscheidende Impulse für das Training junger Nachwuchssportler. In Jahr darauf treffen sie sich vom 24. bis 31. Juli 1966 zur I. Zentralen Kinder- und Jugendspartakiade in den Sommersportarten in Berlin.

Urlaub mit den Eltern

Die schönste Zeit des Jahres verbrachten wir regelmäßig auf dem Campingplatz. Die Plätze für das Zelt, den Klappfix oder einen Wohnwagen – hatten allerdings nicht viele Familien – waren begehrt und mussten schon Anfang des Jahres an einer zentralen Vergabestelle beantragt werden. Wer Glück hatte, konnte dann im Sommer an den gewünschten Platz in Mecklenburg, an der

Brandenburger Seenplatte oder an der Ostsee fahren. Wir quetschten uns in den Seitenwagen vom Motorrad der Eltern oder in den vollgepackten Trabbi und los ging's: Nach einer scheinbar endlos langen Fahrt kam man schließlich

an. Dann musste die Leinwandvilla noch mehr oder weniger geschickt aufgebaut und eingerichtet werden. Wir Kinder gingen dann auf Erkundungstour. Meist fanden wir schnell neue Freunde.

Oft fuhren unsere Eltern jedes Jahr an den gleichen Platz – da kannte man sich sogar schon und das Abenteuer konnte gleich beginnen. Dass es auf den Zeltplätzen meist nur Plumpsklos und selten Duschen gab, störte nicht. Wir gingen schwimmen oder angeln, fuhren Paddelboot, kauften Eis am Kiosk und Limo in der Zeltgaststätte.

Abenteuer auf dem Bauernhof.

Blaue Wimpel im Sommerwind

Der frühe Film aus den 1950er-Jahren handelt von einem Pionierferienlager. Das Lied dazu stand seitdem für unbeschwerte Ferien mit gleichaltrigen Kindern in der Gruppe. Es gab Ferienlager der Pionierorganisation, in denen auch politische Propaganda ihren Platz hatte. Es gab aber auch Betriebsferienlager der VEB, in denen die Kinder der Belegschaft frohe Ferientage erlebten.

Urlaub mit der Familie in solch einem Ferienheim galt als Glücksfall.

7. bis 10. Lebensjahr

Viel Wert auf Komfort wurde da nicht gelegt. Manche fanden in Zelten oder kleinen Bungalows statt, manche in Jugendherbergen oder extra dafür gebauten Anlagen. Oft war ein See zum Baden in der Nähe, immer ein Spielplatz und am liebsten trafen wir uns an der stets dicht umlagerten Tischtennisplatte, wo wir „Chinesisch" spielten: Da lief man im Kreis um die Tischplatte – wer daneben schlug, musste raus. Abenteuerlich waren Nachtwanderungen, bei denen unsere Betreuer manchmal selbst den Weg suchen mussten. Es gab Volleyball-Wettbewerbe, Heidelbeerpflück-Aktionen und Tanzabende, auch für die Kleineren. Nach zwei Wochen fuhren wir gut erholt mit Bus oder Bahn wieder nach Hause.

Im Kinderferienlager war es immer schön und …

… Langeweile gab es nie.

Flaschen, Gläser, Altpapier

Bei niemandem von uns reichte das Taschengeld. Eine findige Idee, es aufzubessern, waren Altstoffsammlungen. Beim „Lumpenmann", der „Aufkaufstelle für Sekundärrohstoffe", erhielt man für gebündeltes Zeitungspapier, leere Schnapsflaschen und Konservengläser Bares sofort auf die Hand. Das Kilogramm Altpapier brachte gebündelt 0,30 Mark, Flaschen je nach Größe zwischen 0,10 und 0,30 Mark.

Da die eigenen Familienvorräte nicht reichten, zogen wir in Gruppen zu zwei, drei oder vier Kindern mit einem Bollerwagen und Beuteln los und klingelten in der Nachbarschaft: „Ham' Sie Flaschen, Gläser, Altpapier?", fragten wir stets. Oft waren die Leute froh, ihren alten Krempel loszuwerden. Manchmal hatten andere Kindertrupps aber auch schon alles leer geräumt. Vor allem, wenn die Jungen Pioniere aufgerufen hatten, für einen guten Zweck wie die internationale Solidarität mit unterdrückten Völkern zu sammeln. Dann musste man den Straßenzug wechseln und sein Glück anderswo versuchen.

Mach mit, mach's nach, mach's besser!

War sonntags schlechtes Wetter, lockte das Kinderfernsehen. Zum Beispiel um 11 Uhr, wenn Adi und seine Mädchen bei „Mach mit, mach's nach, mach's besser!" Schülergruppen zum sportlichen Wettstreit aufforderten, lautstark angefeuert von Klassenkameraden, Freunden und der Verwandtschaft am Rand. Bei Sprüngen über die Matte, Medizinballweitwürfen, Staffel- und Hindernisläufen waren Teamgeist, Schnelligkeit und Geschicklichkeit gefragt.

Adi im Trainingsanzug gehörte zu dieser Sendung wie der Fußball ins Tor. Seine mitmoderierenden Assistentinnen im zarten Kindesalter waren in unseren Augen beneidenswerte Kinderstars. Kamen sie ins Teenie-Alter, wurden Angelika, Martina und wie sie immer hießen ausgewechselt. Von den meisten hat man nie wieder etwas gehört. Manche von ihnen nutzten jedoch die Sendung als Sprungbrett für eine Fernsehkarriere. Zum Beispiel Nadine Krüger, die bei SAT 1 als Moderatorin landete.

Tausend Tele Tips

Unverkennbar ging es mit der DDR-Wirtschaft langsam aufwärts. Die Leute richteten sich ihr Zuhause gemütlich ein und fuhren an die Ostsee oder zum Rennsteig in den Urlaub. Die Zeit war reif für Werbesendungen im Deutschen

Fernsehfunk, wie das Fernsehen der DDR damals hieß. Seit 1959 flimmerten allabendlich Werbespots über die Mattscheiben, erst als „Notizen für den Einkauf", ab 1960 dann als „Tausend Tele Tips". Die Sendung lief in einem geschlossenen Block nach 18.30 Uhr, kurz vor dem Sandmännchen. Also saßen wir gern überpünktlich auf der Couch vor dem Fernseher und amüsierten uns köstlich über Filmchen und Sprüche wie „Dienstbereit zu Ihrem Wohl ist immer der Minol-Pirol" oder „Fisch auf jeden Tisch". Ganz ohne erhobenen Zeigefinger ging es aber nicht. Und so wurde nicht nur dafür geworben, dass die kluge Frau mit Spee wäscht oder das Baden mit Badusan besonders Spaß macht. In einem Zeichentrickfilm und in gereimten Versen warnte man auch vor Alkohol am Steuer: Ein Mann trinkt Bier und Klaren, steigt ins Auto und fährt „… dann an' Baum, aus der Traum!"

Problematisch wurden die DDR-weit ausgestrahlten Spots, weil es in Rostock nicht immer das Gleiche gab wie in Suhl. Im Jahr 1976 waren die bunten Fernseh-Werbe-Träume vorbei. Überflüssig geworden durch die Mangelwirtschaft. Man kaufte eh, was es gerade gab.

Er war unser Held: Chefindianer Gojko Mitic.

Ein Wigwam steht in Babelsberg

Gojko liebten wir alle. Jedes Jahr zur Sommerzeit ritt er als stolzer Indianer über die Prärie auf den Leinwänden der Kinos. Die volkseigenen DEFA-Studios drehten zwischen 1965 und 1983 zwölf Indianerfilme. „Die Söhne der großen Bärin" war der erste, gedreht von der Gruppe Roter Kreis. So stand es immer im Abspann.

Die Indianer waren generell die Guten, die im 19. Jahrhundert gegen weiße Siedler, Ölsucher und Cowboys ihr Land verteidigen mussten. Ob als Tokei-ihto, Chingachgook, die große Schlange, Tecumseh', Seminolen-Häuptling Osceola oder Apachenhäuptling Ulzana – Gojko macht immer eine gute Figur: auf dem Pferd, mit der Friedenspfeife am Lagerfeuer, im Wigwam, beim Kanupaddeln. Hatten ihn Feinde an den Marterpfahl gebunden, litten wir mit ihm. Wir träumten uns als Häuptlingstochter Wahtawah an seine Seite, so als Little Sqaw im Lederhemd. Er war der Held unserer Kindertage.

Völkerball und Rollschuhlauf

. Sobald die Schule aus war, flog der Ranzen zu Hause erst mal in die nächste Ecke. Nach den unvermeidlichen Hausaufgaben ging's dann ins Freie. Nicht immer war ein Spielplatz in der Nähe, also trafen wir uns im Hof zum Spielen. „Vater, Mutter, Kind" hatte bald ausgedient. Wer Rollschuhe hatte, suchte sich eine ruhige Straße mit wenig Verkehr zum Üben. Wir liebten auch Ballspiele wie Völkerball mit zwei Mannschaften oder „Halli-Hallo". Bei diesem Ballspiel galt es, der Reihe nach mithilfe des ABCs Städte, Flüsse oder Länder zu raten.

Uns fiel immer etwas ein: Himmel und Hölle, Versteckspielen, Gummihopse, Hasche. Einmal wollten wir einen Teich anlegen, aber das Wasser versickerte nur. Die herbeigeholte Blechschüssel war für unsere Ansprüche natürlich viel zu klein. Manchmal gab's auch Streit. Das war so lange kein Problem, wie wir ihn unter uns austragen konnten. Mischten sich Erwachsene ein, ging das meist schief. Langweilig war's nie.

Fragen, Zweifel und nicht immer eine Antwort

Im Laufe der Jahre erlebten wir viele schöne, unbeschwerte Kinderstunden, aber auch Momente in den Gesprächen der Erwachsenen, wo sich die Schulbilder einer heilen Welt vom Aufbau des Sozialismus mit denen des realen Lebens nicht zueinanderfügten. Schon gar nicht mit jenen Bildern und Nachrichten, die wir über das Westfernsehen mitbekamen. Manche Kinder, vor allem jene aus Elternhäusern, die fest mit der Partei- und Staatsführung der DDR verbandelt waren, hatten mit der oft zwiegespaltenen Wirklichkeit weniger oder gar keine Probleme. Aber wer fragte, bekam oft unterschiedliche Antworten. Klassisches Beispiel ist die Frage des Kindes nach der Sowjetunion. Antwort vom Lehrer: Das ist der große Bruder, der uns beim Aufbau des Kommunismus hilft. Antwort vom Vater: Die Russen behindern uns nur, ohne die würde es uns viel besser gehen! Was macht man da als achtjähriges Kind? Na, erst mal nichts. Nur zuhören und beobachten, wie das wohl weitergeht.

Geschniegelt geht's zum Bahnhof: Die Oma aus dem Westen kommt und wird freudig begrüßt.

Petticoat und NATO-Plane

Wer großzügige Verwandte im Westen hatte, genoss die Vorzüge von Westpaketen. Und es war nicht nur Einbildung: Die Schokolade schmeckte besser, selbst der Vanillepudding aus Dr.-Oetker-Puddingpulver. Die Rohstoffe zur Herstellung waren nun mal andere. Viel begehrter als Süßigkeiten waren aber Klamotten, sie konnten ruhig schon mal getragen sein. Das setzte sie in den Augen von uns Kindern keineswegs herab. Waren sie doch immer noch moderner als die Röcke und Blusen von der HO oder aus dem Konsum.

In Neubaugebieten gab es abenteuerliche Spielplätze.

Der Hit in den 1960er-Jahren waren Petticoats und Nylonmäntel, die wir NATO-Plane nannten. Wer die trug, war dicke da und genoss die neidischen Blicke der anderen Kinder.

Ab Mitte der 1960er-Jahre war dann auch die Chemieindustrie der DDR so weit, Kleidung aus synthetischen Fasern herzustellen. Das Problem war nur, dass deren modischer Pfiff der angesagten Westmode halt immer hinterherhing.

Westbesuch

Kinder mit „Westverwandtschaft" bekamen nicht nur Westpakete mit gebrauchten Klamotten, sondern manchmal – noch aufregender – Westbesuch. Da wurde die Wohnung geputzt, das gute Geschirr aus dem Schrank geholt und eingekauft, was Konsum und HO zu bieten hatten: Halberstädter Würstchen zum Beispiel und der gute Rotkäppchen-Sekt. Reiste die vorher behördlich angemeldete Verwandtschaft endlich an, schmiss sich die ganze Familie in Schale, um die Gäste am Bahnhof zu empfangen.

Besonders stolz war man, wenn die sogar mit einem Westwagen anrollten, der dann vor dem Haus auf der Straße und für gemeinsame Ausfahrten bereitstand. Die Nachbarn warteten derweil hinter der Gardine, um zu sehen, wie die Truppe wohl aussehen wird. Die Mütter freuten sich über den mitgebrachten Kaffee (schon das Aroma!!!), die Väter über Westzigaretten, wir Kinder nahmen mit Knicks und Diener Kaugummi und Schokolade entgegen.

Raumschiff Kosmos

Wir hatten schon abenteuerliche Vorstellungen von der Zukunft! Der Aufbau des Kommunismus sollte ja möglichst schnell gehen. Noch bis in die 1960er-Jahre war man der offiziellen Meinung, Mitte der 1980er könnten wir es geschafft haben. Und so lasen wir einmal in der Kinderzeitschrift Frösi von seinem „Ausflug" in die Zukunft: 1983 sollten kleine, lautlose Elektroautos durch die Straßen surren. Alle wohnten in futuristisch gebauten Häusern mit viel Glas. Es gab zahlreiche Hochstraßen für einen reibungslosen Verkehr und das Geld war längst abgeschafft. Alle lebten vom technischen Fortschritt und in sozialer Harmonie. Tolle Idee, verlockender Ausblick. Es kam dann nur ganz anders. Und die greifbar nahe Aussicht auf die Einführung des Kommunismus mit all seinen Vorzügen wurde bald revidiert:

Wir gingen erst mal voran auf dem Weg der weiteren Entwicklung des Sozialismus zum Aufbau des Kommunismus. Mit konkreten Angaben zum Zeitpunkt dieses Ereignisses hielt man sich jedenfalls bald zurück.

Unpolitischer Alltag

Die meisten Eltern erzogen uns nicht sozialistisch, sondern stinknormal. Also musste man essen, was auf den Tisch kam und durfte dieses nicht und jenes nicht. Wir hatten Pflichten im Haushalt, mussten Kohlen tragen, Geschirr spülen und abtrocknen, einkaufen gehen, bei der Wäsche helfen. Dazu hörten wir Sätze wie „So lange du die Beine unter meinen Tisch steckst ...". Unsere Eltern unternahmen mit uns Ausflüge in den Zoo und ins Grüne, zum Badesee oder zur Rodelbahn.

Politisch wurde es in der Schule, wo wir bei den Jungen Pionieren und später bei der FDJ einen gewissen Teil unserer Freizeit verbrachten. Die meisten hörten sich die Propaganda an und waren froh, dass uns versprochen wurde, den Frieden zu erhalten. Aber es war eben so: Privat zu Hause lief das Leben in von der Familie vorgegebenen Gleisen.

Ein Familienausflug im Schnee verhieß unbeschwerten Rodelspaß.

Singebewegung

Mit der Gründung des Hootenanny-Clubs am 15. Februar 1966 schlägt die Geburtsstunde der Singebewegung der FDJ. Ein Jahr später geben sich die Mitglieder den neuen Namen Oktoberclub. Singeclubs entstehen in den nächsten Jahren an fast allen Schulen, auch an Berufsschulen, in Betrieben und selbst in den Regimentern der Nationalen Volksarmee. Ihr Repertoire ist im Gegensatz zu dem von Chören politisch orientiert und nahe am Zeitgeschehen. Dadurch wirkt es moderner. Oft schreiben Clubmitglieder eigene Songs. Eines der bekanntesten Lieder wird „Sag mir, wo Du stehst" von Hartmut König.

Schüler mit Witz und Scharfsinn: Ottokar.

Der brave Schüler Ottokar

Die dicke Mia, der Schweine-Siggi, Harald und Bärbel Patzig, das waren Schulfreunde von Ottokar, der als braver Schüler, Früchtchen und Weltverbesserer unsere (Lese-) Kindheit begleitete. Ihm saß der Schalk im Nacken. Wir fanden es herrlich, wenn er seine Lehrer zu deren Ärger wortwörtlich nahm und vorführte. Weder Direktor Keiler noch der gutmütige Herr Burschelmann, weder Fräulein Heidenröslein noch die aufgedrehte Bella Kohl verschonte er. Ottokar bewies mit umwerfender Ironie, dass auch Erwachsene nicht immer alles richtig machen und vor allem nicht immer recht haben. Den Pionierleiter Alfons nannte er frech Pilei, ein „Empfang beim Herrn Direktor" geriet dank seiner Teilnahme zur sozialistischen Realsatire. Die witzig beschriebenen Alltagsabsurditäten und den pädagogischen Schlendrian kannten wir schließlich meist aus der eigenen Schule. Oder von zu Hause.

Sein Erfinder, der Schriftsteller Otto Häuser, konnte sich bis zu seinem Tod im Jahr 2007 über den Erfolg „seines" Ottokar freuen. Den aufgeweckten Schüler mit Witz und Scharfsinn lieben große wie kleine Leser noch heute.

Unbeschwerte Tage, **lästige Schulstunden,** erste Alltagssorgen

Mit Glitzerkleid und Cowboyhut

Jedes Jahr im Februar freuten wir uns auf einen ganz besonderen Höhepunkt: Kinderfasching. Prinzessinnen waren nur echt mit Glitzerkleid und Krone, Schneewittchen trugen schwarzhaarige Perücken und zur kleinen Ungarin gehörte unbedingt ein bortenbesetzter bunter Rock. Auffällige Schminke sowieso. Die Favoriten auf der Jungen-Seite des Klassenzimmers gingen meist als Cowboys und Indianer. Davon drückten sich immer mehrere auf die Bank im ausgeräumten Klassenzimmer.

Kleines Mädchen – süßer Teufel.

Chronik

14. Mai 1969
Einweihung der Rostocker Kunsthalle als erstem Museums-Neubau der DDR.

19. November 1969
Im Tivoli in Freiberg startet die Karriere der Puhdys, der kommerziell erfolgreichsten DDR-Rockgruppe. Erster Hit 1971: „Türen öffnen sich zur Stadt", erste LP 1974 bei AMIGA.

3.– 8. März 1970
Gabriele Seyfert wird bei der Eiskunstlauf-WM in Ljubljana Weltmeisterin.

21. Juni 1970
Schiedsrichter Rudi Glöckner pfeift das Fußball-Weltmeisterschaftsfinale in Mexico-City.

7. Oktober 1970
In Erfurt öffnet die erste „HO-Gaststätte Goldbroiler".

30. Mai 1971
In Dresden findet zum ersten Mal (und von nun an jährlich) das Dixieland-Festival statt.

15.–19. Juni 1971
Der VIII. Parteitag der SED legt als neuen ökonomischen Schwerpunkt die Einheit von Wirtschafts- und Sozialpolitik. Sozialismus und Kapitalismus werden zudem nun offiziell als zwei Phasen einer einheitlichen Gesellschaftsformation mit fließendem Übergang betrachtet. Um das Wohnungsproblem zu lösen, sollen 500 000 Wohnungen gebaut werden.

3. September 1971
Das Viermächte-Abkommen über Berlin wird unterzeichnet.

9. Oktober 1971
In Karl-Marx-Stadt wird das Karl-Marx-Denkmal enthüllt. Den 42 Tonnen schweren Bronzekopf nennen die Einwohner fortan „Nischel", sächsisch für Kopf.

3. Februar 1972
Erster Auftritt der Rockgruppe City im Berliner Arthur-Becker-Club. Populärster Titel: „Am Fenster" (1977).

9. März 1972
Die Volkskammer beschließt das „Gesetz über die Schwangerschaftsunterbrechung" mit 14 Gegenstimmen und acht Enthaltungen.

Kinderfasching: Wer hat das schönste Kostüm?

Auch verwegen ausstaffierte Seeräuber waren klasse. Zwillinge gingen schon mal als Max und Moritz verkleidet. Einmal war auch ein Koch dabei und der ewige Clown trug seine rote Nase jahrelang. Am besten hatten es immer Kinder, deren Mütter oder Omas schneidern konnten, denn fertige Kostüme gab es kaum. Und wenn, dann waren die für Familien mit mehreren Kindern viel zu teuer. Man musste also basteln können und sich etwas einfallen lassen – aus heimischem Trödel von der großen Schwester, von Nachbarn oder einer Tante, das ging auch.

Ein Mädchen hat mal schwarze Turnslipper mit Aquarellfarbe weiß gemalt und mit langen Bändern als Schläppchen einer „Balletttänzerin" getragen. Die Farbe trocknete nicht schnell genug, sodass sie die Schuhe fast nass anzog, aber das war egal, Hauptsache der Tüll um den Bauch hielt.

Beim Klassenfasching gab's immer Pfannkuchen, rote Limo, süße Bonbons, trockene Kekse und jede Menge Spaß. Manchmal steuerten auch

Patenbrigaden, das waren sozialistische Arbeitskollektive im VEB, Süßigkeiten oder Preise für Spiele bei. Wir legten uns beim Quiz ins Zeug, tanzten (erst immer nur die Mädchen) und führten Sketche auf. Jedes Jahr wieder – solange wir Kinder waren. Dass Erwachsene irgendwo im Rheinland Karneval feierten, sahen wir nur immer erstaunt im Westfernsehen.

Lesen!

Schräg gegenüber unserer Schule gab es eine Kinder-
bibliothek. Irgendwann stand deren Leiterin bei einer
Schulveranstaltung mit vorn und lud jeden ein zum
kostenlosen Lesespaß. Man brauchte sich nur anzu-
melden, bekam einen Mitgliedsausweis und schon
konnte die Schmökerei losgehen. In den Regalen
standen Bastel-, Abenteuer- und Kinderbücher, Histori-
sches, Sagen und Märchen, Sachbücher für junge
Aquarianer, Spielzeugeisenbahner oder Technikfreaks
und Kinderzeitschriften wie Atze und Frösi. Alle geord-
net nach dem Lesealter, sodass man gezielt stöbern

BRÜDER GRIMM **Die drei Spinnerinnen**

Märchenbücher lasen
wir immer gern.

konnte. Öffnungszeiten waren immer Dienstag und Freitag, auch in den Schulfe-
rien. Man musste nach 14 Tagen alles nur wohlbehalten zurückgeben.

   Wehe, man hielt die Ausleihfrist nicht ein! Dann gab's nicht nur Ärger mit der Bibliothekarin, sondern auch zu Hause, weil Gebühren fällig wurden. Für beliebte Kinderbücher wie Alfons Zitterbacke oder Lütt Matten und die weiße Muschel gab es manchmal sogar Wartelisten. Andere Bücher lernte man kennen, weil Kinder ihre ganz persönlichen Entdeckungen beim Schwatz zwischen den Regalen weiterempfahlen. Die Nick-Reihe von Götz Gode oder Trini von Ludwig Renn machten so die Runde. Manche der Kinderbücher lesen sich heute aus einer ganz anderen Sicht. Micki Mager zum Beispiel, von Katharina Kammer und Karl Veken. Da wird ein glücklicher Junge aus Ostberlin in den 1950er-Jahren von seinem Westberliner Onkel zum leiblichen Vater nach Düsseldorf entführt. Das ist ein alter Nazi-Schurke, der ihn nicht wieder zur Tante nach Hause lässt. Zum Schluss wird auch noch erklärt, dass genau im richtigen Moment, nämlich als der Junge zurückgeflohen war, die Berliner Mauer gebaut wurde. Hilfe ...

Die Digedags und Ritter Runkel

Das Mosaik von Hannes Hegen war, ist und bleibt Kult! Selbst abgegriffene Einzelausgaben der berühmtesten Comiczeitschrift der DDR erreichen bei Sammlern heute Spitzenpreise. Sie wurde 1955 zunächst mit den Digedags aufgelegt. Es waren die einzigen unpolitischen Kindercomics, die populär und witzig Geschichte und Geschichten darstellten. Die Abenteuer von Dig, Dag und Digedag waren originell in Szene gesetzt und erzählten in spannenden Serien von geschichtlichen Ereignissen rund um den Globus. Mit Witz und Verstand lösten die Digedags auf ihren Reisen um die Welt alle Probleme, und sie begegneten in allen Zeitepochen klugen, tapferen oder skurrilen Begleitern.

Mit den Digedags reisten wir ins alte Rom und mit europäischen Auswanderern zu den Indianern nach Amerika. Wunderbar zu lesen und anzusehen war die Mittelalterserie mit Ritter Runkel. Ein Junge aus der Nachbarschaft kannte die Titel-Ausgaben und die zugehörigen Nummern im Schlaf. Kaum einer tauschte seine Hefte gegen irgendetwas anderes ein. Nach Unstimmigkeiten mit dem Verlag zog sich der selbstbewusste Autor Hannes Hegen 1976 zurück. Ein Autorenkollektiv führte das Mosaik nach 1976 mit den Abrafaxen weiter. Obwohl sich das Heft selbst nach 1990 weiter am Markt behaupten konnte und seit 1991 im Berliner Steinchen für Steinchen Verlag erscheint, erreichten die Abrafaxe nie jenen Kultstatus wie ihre beliebten Vorgänger.

Stramm stehen vor der Fahne

Fahnenappelle fanden in der Schule statt, entweder zu besonderen Anlässen wie Republikgeburtstagen, dem 1. Mai als Kampftag der Arbeiterklasse oder einfach so, wenn die Schulleitung es für erforderlich hielt, uns auf Linie zu halten. Worum es ging? Die Bedrohung durch die Nato-Staaten, den Weltfrieden, den Krieg in Vietnam, die politische Lage insgesamt, Veränderungen im Schulalltag ...

Vorn waren die Fahne gehisst und ein Rednerpult aufgebaut. Alle Klassen standen in Reih' und Glied im Geviert, ihre Lehrer jeweils dahinter, um für Ruhe zu sorgen. Der Ablauf ähnelte sich jedes Mal: Es begann meist mit der Begrüßung durch Schul-, Pionier- und FDJ-Leitung, dann wurde das Thema des

DAS TURNIER ZU VENEDIG

Die Digedags aus dem
Mosaik von Hannes Hegen.

Tages verkündet. Eventuell erzählte ein verdienter Arbeiterveteran aus seiner Zeit im Widerstand gegen die Nazis. Zwischendurch sang der Schulchor. Meist fiel für diese Veranstaltung eine Schulstunde aus, sodass wir das Ganze recht unkritisch über uns ergehen ließen. Das Schlimmste an den Fahnenapellen war eigentlich, dass im Laufe der Jahre manche früher als die erste Unterrichtsstunde angesetzt waren, dann bei uns an unregelmäßigen Montagen stattfanden und ich das ständig vergaß. Alle anderen standen im Ehrenhain schon im Karree, wenn ich kam, das Dilemma wieder sah und von der Lehreraufsicht am Schultor abgefangen wurde. Statt einen gleich durchzulassen, musste man erst mal Rechenschaft ablegen. Dann durfte man sich zu anderen Zu-spät-Kommern an den Rand stellen.

Druschba – Freundschaft

Mischka-Bär, Burattino, Babuschka und Samowar – also Teddybär, ein kleiner Kobold, die Großmutter und ein glänzendes Ungetüm der Teezubereitung – das waren die Utensilien, an denen wir unsere ersten Eindrücke zum „großen Bruder", der Sowjetunion festmachten. Die unverbrüchliche Freundschaft wurde alle naselang herbeizitiert und durch vielerlei Aktivitäten untermauert: Dazu gehörten die „Feste der russischen Sprache" an den Schulen, zu denen möglichst jede Klasse schon in den Grundstufen von eins bis vier ein Gedicht oder ein Lied oder einen Tanz aufführen sollte. Einen ersten Knacks erhielt das Ganze für viele in den ersten Russischstunden in Klassenstufe fünf. Da galt es, die kyrillischen Buchstaben, Vokabeln und Grammatik zu lernen. Nicht jedem fiel das leicht, und nicht jeder mochte das Fach. Allen war klar, dass es mit Englisch viel leichter wäre …

Mehr oder weniger missmutig brachten wir die Russischstunden hinter uns – bis zum Abschluss der Schule. Manche traten in dieser Zeit bereits in die Gesellschaft der Deutsch-Sowjetischen Freundschaft, kurz die DSF, ein. Was außer regelmäßigen Beitragszahlungen aber auch nicht viel mehr einbrachte als keinen Ärger.

How do you do?

Nur wer in Deutsch und Russisch die Note 2 hatte, durfte ab der siebten Klasse Englisch lernen. Und obwohl der Unterricht außerhalb der regulären Unterrichtszeit stattfand, nahmen im Prinzip alle, die dafür infrage kamen, daran teil. Da das ja nun eigentlich immer gute Schüler waren, kamen wir hoch motiviert voran. Höhepunkt der Englischstunde war stets, wenn der klapprige Schulfernseher angestellt wurde, damit wir gemeinsam die Schulserie „English for you" sehen konnten. Moderiert hat sie Diana Löser, eine freundliche Lehrerin mit dunkler Brille, die uns mit Tom & Peggy, zwei englischen Schauspielern, in putzigen Alltagsszenen die beliebte Sprache vermitteln sollte.

Fernsehen – in Farbe und Schwarz-Weiß

Am 3. Oktober 1969 wird auf dem Alexanderplatz in Berlin der 365 Meter hohe Fernsehturm eröffnet – mit Aussichtsplattform und einem sich drehenden Café in der Kuppel. Am gleichen Tag beginnt das zweite Programm des Deutschen Fernsehfunks aus Adlershof zu senden, zum Teil nun auch in Farbe – aber nach dem französischen SECAM-System. Was deshalb alle bedauerten: Da ARD und ZDF das PAL-System einsetzten, konnten DDR-Bürger trotz teurem Fernsehgerät die Westsendungen nach wie vor nur in Schwarz-Weiß sehen.

Symbol und Sehenswürdigkeit Berlins.

Pulverdampf und Buttersäure

Experimente im Chemieunterricht waren immer beliebt, vor allem, wenn sie schiefgingen. Die Lehrer hatten es da nicht einfach, weil manche Schüler nicht nur keine Ahnung hatten, sondern es auch darauf anlegten. Und so war im Umgang mit Bunsenbrenner, Säuren und Magnesium höchste Vorsicht angesagt. Einmal knallte und zischte es, dass wir schnellstens den Raum verlassen mussten. Ein andermal hatte einer die Flasche mit Buttersäure nicht richtig verschlossen. Das ganze Schulhaus stank bestialisch.

Feilen und schrauben

Ab der siebten Klasse gingen wir alle 14 Tage zum „Unterrichtstag in der Produktion", zum UTP. Je nachdem, welcher VEB das organisieren mussten, hatten wir Folgendes zu tun: Metallwerkzeuge bearbeiten, Straßenlampen zusammenbauen, Pappen sortieren ... Wir lernten im Laufe der Jahre feilen, schrauben und bohren, frühstückten bei den Arbeitern in der Kantine und zweifelten so manches Mal an der aufrichtigen Arbeitsmoral der Werktätigen in diesen Betrieben. Aber wir mochten diesen Tag außerhalb der Schule fern von den Lehrern nicht missen.

Lieblingslehrer

In jeder Schule gab es Lieblingslehrer. Russischlehrer waren komischerweise selten dabei, selbst wenn sie nett waren. An unserer Schule waren der Musiklehrer beliebt und ein Lehrer für Sport. Am meisten schwärmten die Mädchen ab Klassenstufe fünf aber für einen jungen Geschichtslehrer, der nach den Sommerferien zu uns kam. Er sah ja nicht nur toll aus. Er machte sogar interessanten Unterricht. Er brachte uns die Geschichte mit Geschichten zum Nacherleben nahe, organisierte Fahrten zu nahe gelegenen historischen Orten, zeichnete tolle Überschriften in Schnörkelschrift an die Tafel – und war gerecht zu allen. Wir freuten uns auf jede Stunde mit ihm, selbst die Jungs! Natürlich wusste er, dass wir ihn anhimmelten, wir hingen ja mit den Augen an seinen Lippen, aber anmerken ließ er sich das nie!

Makkaroni mit Jagdwurst

In jeder Schule wurde im Rahmen der Schülerspeisung ein warmes Mittag-essen angeboten, für 60 Pfennig pro Portion. Wer wollte oder musste, kaufte wöchentlich seine Essenmarken und ging in der großen Pause dann mit der Bestecktasche unterm Arm in die zu Speisesälen umfunktionierten Räume im Schulkeller. Das Essen lieferten Großküchen oder Betriebskantinen in grünen Thermobehältern. Einen besonders guten Ruf hatte es nicht. Dazu kam, dass Lehrer die Aufsicht führten und uns zum Aufessen anhielten – auch wenn das fette Fleisch im Weißkohleintopf nicht schmeckte und Blutwurst in den Linsen nicht jedermanns Sache war. Es gab auch Lieblingsessen: Makkaroni mit gebratener Jagdwurst und Tomatensauce zum Beispiel oder Milchreis mit Apfelmus, Zucker und Zimt.

Nur mit Badekappe!

Welches Kind geht nicht gern baden? Als wir endlich alle schwimmen gelernt hatten, durften wir gelegentlich ohne Erwachsene losziehen. Wer keinen Badesee in der Nähe hatte, ging im Sommer ins Freibad, in der kühleren Jahreszeit in eine Schwimmhalle, sofern vorhanden. Wir waren immer gern dort, aber ohne Bade-kappe lief nichts! Die unvermeidlichen Gummikappen in Weiß oder Rosa lagen eng an den Ohren. Mädchenkappen hatten dazu noch ein Gummiband ums Kinn, damit sie nicht verloren gingen. Wir sahen ja zum Glück alle gleich doof aus. Die Haare wurden trotzdem nass und es ziepte gehörig beim Absetzen danach. Aber wer sie vergessen hatte, musste von außen zusehen. Da blieben die Bademeister unerbittlich. Wir trugen sie brav – Schwimmvergnügen gab's nun mal nicht ohne.

Theater, Theater

Kinder in größeren Städten hatten Glück, wenn es dort ein Theater gab. Oft hatte das dann auch ein Kindertheater oder zumindest Inszenierungen für Kinder im Reper-toire. Bei uns in Leipzig gingen wir gern in das Theater der Jungen Welt. Ab der zweiten Klasse wurde uns für einen minimalen Kartenpreis ein Schüler-Abo angeboten. Fast die ganze Klasse ging mit, wenn alle zwei Monate, dienstags oder mittwochs, auf jedem Fall immer erst am Nachmittag nach der Schule, eine Vorstellung angesagt war.

Auf dem Spielplan standen das „Katzenhaus", „Cippolino", „Hans im Glück" und später, als wir älter waren, „Die Herren des Strandes". Wir schmissen uns in Schale, zogen die Sonntagssachen an und los ging's.

Immer flexibel: Der Einkauf

Gingen wir einkaufen, war nicht zuerst Geld das Problem. Da waren vielmehr zuerst Zeit und Geduld gefragt. Überall musste man Schlange stehen: Beim Bäcker, im Gemüseladen, beim Fleischer. Am liebsten zogen wir deshalb gemeinsam los – mit der Freundin war die Warterei doch wenigstens nicht langweilig. War man endlich dran, musste man damit leben, dass es dies und jenes nicht gab. Also blieb man flexibel bei der Speiseplangestaltung wie bei der Wurstauswahl. Und man war froh, wenn Käse überhaupt noch auf der Theke lag. Ob alter oder junger Gouda, Tilsiter oder Emmenthaler – Hauptsa-che Schnittkäse. Spaß machten dann die Selbstbedienungsläden, in denen man kucken und aussuchen konnte. Und einer Sensation kam es gleich, als die ersten Kaufhallen eröffneten. So eine Auswahl für Waren des täglichen Bedarfs hatte es bis dahin noch nie in einem Laden gegeben. Bald merkten wir allerdings: Auch in den Kaufhallen gab es nicht immer alles.

Die Kraft der Marken

Ob Burger Knäckebrot oder Nudossi, Rondo-Kaffee von Röstfein, Wurzener Instant-MEKORNA, nanu-Kaffee-Ersatz oder Bambina-Schokolade: Diese Marken haben uns und unsere Eltern ohne große Veränderungen die ganzen Jahre begleitet. Zum Abwasch nahmen wir das Geschirrspülmittel Fit, die Wäsche wurde mit Spee wieder sauber. Strümpfe für Groß und Klein kamen von Esda, Fährräder von Diamant oder Mifa. Hautcreme hieß Florena und

Schuhcreme Eg-Gü. Die seltsamen Namen kamen meist durch die Abkürzungen ihrer Erfinder oder der Orte zustande, in denen sie hergestellt wurden. Malimo-Stoffe hießen nach ihrem Erfinder Mauersberger in Limbach-Oberfrohna, Kinderwagen einfach ZEKIWA – sie wurden im Zeitzer Kinderwagenwerk zusammengeschraubt.

Tolle Sache, so ein Kaufhaus – wenn die Regale gefüllt waren.

Mangelware – Tauschgeschäfte

Bis 1972 hielten sich in der DDR kleine und mittlere Handwerks- und Industrieunternehmen, die zum Teil begehrte Waren, Bekleidung, Schuhe, Pelze, Plüschtiere und selbst Exportartikel wie Musikinstrumente herstellten. Den sozialistischen Planwirtschaftlern waren sie ein Dorn im Auge, da sie offiziell zu wenig in das staatliche Planungssystem integriert und kontrolliert werden konnten.

Ohne ernsthaftes Veto der Blockparteien LDPD und NDPD beschloss das Politbüro im Frühjahr also die Verstaatlichung. Juristische Rechtsmittel hatten die Firmeninhaber nicht. Da man sie brauchte, leiteten einige von ihnen anschließend, kontrolliert von Funktionären, ihre Betriebe auch als VEB weiter. Manche gingen in den Ruhestand. So mancher hielt das nicht aus, wurde psychisch krank oder flüchtete in den Westen.

Ständig gab es etwas, was es nicht gab: Tomatenketchup, Bettwäsche, Kaffee, Südfrüchte, Winterstiefel, Tapete, Kerzen ... Wir bekamen das immer hautnah mit. Beim täglichen Einkauf wie bei den Gesprächen am Abendbrottisch. Aus diesen „Versorgungsengpässen" entwickelte sich eine Unkultur: Verkäufer und Verkäuferinnen von Irgendwas avancierten zu umworbenen Personen, zu denen man möglichst freundschaftliche Beziehungen pflegte. Sie hüteten besondere Angebote wie ganz normale Tomaten oder Strümpfe unter dem Ladentisch, teilten zu oder sagten ab – je nachdem, wie man zu ihnen stand. Gut dran war, wer auch etwas zu bieten hatte.

Da wurde fleißig getauscht: Bananen gegen Halberstädter Würstchen, Bluse gegen gekörntes Spee. Für Westgeld bekam man alles. Wer nichts zu bieten hatte, übte sich im Verzicht oder lernte schneidern oder tapezieren, um wenigstens als Dienstleister zu gefallen. Manche Schulfreunde nutzen ihre kreative Ader: Sie drechselten aus alten Treppengeländern rustikale Kerzenleuchter, bogen aus geklautem Kupferdraht Halsketten, nähten Einkaufstaschen oder färbten alte Baumwollwindeln ein, die dann als bunte Halstücher getragen wurden.

Im Blaumann beim UTP.

Autohäuser ohne Autos

Fast jede Familie wollte ein Auto haben. Und in jeder größeren Stadt gab es ja auch ein Autohaus, die Auslieferungslager vom IFA-Vertrieb. Nur, Autos zum Verkaufen standen keine dort. Man konnte eine Anmeldung für einen bestimmten Typ abgeben, also Trabant, Wartburg, Lada, Moskwitsch, Saporoshez ... und dann im Laufe der nächsten Jahre regelmäßig auf den großen Schautafeln (meist im Flur) nachsehen, welches Anmeldedatum bald dran war.

Ausstattungsmerkmale? Farbtafeln? Die gab es dort nicht. Nach den vielen Jahren der Wartezeit hatten sich die Modellvarianten sowieso meist geändert. Und die Farbe spielte für die meisten keine große Rolle. Man wollte schließlich nicht noch länger warten müssen. Väter gingen regelmäßig hin und verfolgten das Ganze. Es war nicht sonderlich aufregend, sie zu begleiten. Das Ergebnis war ja immer das Gleiche: Es dauert noch!

Voll auf Linie: Präsent 20

Zu den Geburtstagen der Republik musste immer etwas Besonderes passieren, ein Kracher, ein Beweis, dass wir beim weiteren Aufbau des Kommunismus gut vorankamen. Vor allem die Jubelfeiern 1959, 1969 und 1979 wurden das ganze Jahr lang generalstabsmäßig vorbereitet, bis es keiner mehr hören konnte. So sollte zum 20. Jahrestag 1969 der Farbfernseher „RFT Color 20" ebenso wie die Synthetik-Textilie „Präsent 20" oder die neue Weltzeituhr auf dem Alexanderplatz den Anschluss an die Weltspitze symbolisierten.

Hörten wir in der Ferne einen Spielmannszug, stürmten wir los und vergaßen die Zeit.

11. bis 14. Lebensjahr

Aufbruch in die
Erwachsenenwelt

Langsam erwachsen.

Bitte lächeln!

Für die Fotos fürs Familienalbum waren meist die Väter zuständig. Einige von uns hatten aber Glück. Sie fotografierten mit einer eigenen Kamera, der Pouva start. Sie war kinderleicht zu bedienen, mit 16 Mark relativ preiswert in der Anschaffung, aber insgesamt trotzdem nicht für jedermann erschwinglich. Der Spaß kostete ja schließlich zusätzliches Geld für Schwarz/Weiß-ORWO-Filme und deren Entwicklungen. Aber zu Kindergeburtstagen, Klassenfahrten oder Opas Jubiläum hatte fast immer ein Kind seine Pouva start dabei und knipste, was das Zeug hielt.

Chronik

29. April 1973
Der DEFA-Film „Die Legende von Paul und Paula" von Heiner Carow nach dem Roman von Ulrich Plenzdorf startet in den Kinos.

18. September 1973
Die DDR und die BRD werden Mitglieder der Vereinten Nationen (UNO).

19. Dezember 1973
DDR-Bürger dürfen mit Devisen in Intershops einkaufen.

1. Januar 1974
DDR-Fahrzeuge müssen im internationalen Verkehr das Länderkennzeichen „DDR" anstelle des bisherigen „D" tragen.

1. Januar 1974
Das Kfz-Länderkennzeichen „D" wird durch „DDR" ersetzt.

2. Mai 1974
Die „Ständigen Vertretungen" der Bundesrepublik Deutschland (Ostberlin) und der DDR (Bonn) werden eröffnet.

1. Januar 1975
Wegen Papiermangel werden alle Sonntagsausgaben der DDR-Zeitungen eingestellt.

22. September 1975
Verbot der Rockgruppe Renft.

23. April 1976
In Ostberlin wird der Palast der Republik eröffnet.

30. Juli 1976
Die Mindestbruttolöhne in der DDR werden von 350 auf 400 Mark erhöht. Die neue Regelung betrifft etwa 1 Mio. Arbeiter.

18. August 1976
Aus Protest gegen die Unterdrückung von Kirche und religiöser Erziehung in der DDR verbrennt sich der Pfarrer Oskar Brüsewitz auf dem Marktplatz in Zeitz.

16. November 1976
Dem Liedermacher Wolf Biermann wird nach einem Gastspiel in der Bundesrepublik die Wiedereinreise in die DDR verweigert.

1. Oktober 1977
Eröffnung der VIII. Kunstausstellung der DDR in Dresden.

X. Weltfestspiele in Berlin

Das ganze Jahr schon stand die DDR Kopf: Vom 28. Juli bis zum 5. August 1973 war es dann so weit: In Ostberlin fanden die X. Weltfestspiele der Jugend und Studenten statt. In den zwei Wochen der Spiele kamen insgesamt acht Millionen Besucher nach Berlin. Für dieses politische Kulturfest putzte sich nicht nur die Hauptstadt fein raus – auch die jugendlichen Delegierten aus allen Bezirken der DDR fieberten dem Ereignis aufgeputscht entgegen. Wochenlang vorher hatten sich Spielmannszüge, Singe- und Kulturgruppen bereits in Probelagern auf ihre Auftritte vorbereitet. Die wenigsten hatten vorher schon Gelegenheit gehabt, Jugendliche aus der ganzen Welt zu treffen.

Man schlief in Turnhallen und Zeltlagern, genoss die freie Fahrt mit allen Verkehrsmitteln und holte sich an Verpflegungspunkten gegen Wertmarken seine Verpflegungsbeutel ab. Mitten in der großen Sause starb Walter Ulbricht.

Die Spiele gingen ohne ihn weiter. Angeblich hatte der sterbenskranke Mann vorher noch verfügt, dass die Weltfestspiele im Falle seines Todes nicht abgebrochen werden sollten.

Mach mit, bleib fit!

In Betrieben und Schulen wurde in den 1960er-Jahren der Volkssport populär. Doch typisch DDR: Bekam ein Trend in der Bundesrepublik einen eigenen Namen, musste ein Abklatsch her. Als treffende Beispiele gelten „Mach mit, bleib fit!" bzw. „Lauf Dich gesund!". Schließlich sahen die DDR-Bürger seit 1970 regelmäßig im Westfernsehen die Spots der Trimm-Dich-Bewegung. Da man eine gesunde Lebensweise stets propagierte, passte das Thema linientreu ins Parteiprogramm – trotz des Mangels an begehrten Laufschuhen der Marken Zeha oder Ilmia. Statt auf Trimm-Dich-Pfaden trainierten ganze Familien und Arbeitskollektive auf Mach-mit-Trainingsstrecken.

In Parks und auf Sportplätzen entstanden in Reihe aufgebaute Volkssportgeräte, an denen man sich beim Hüpfen, Krafttraining oder Tauziehen austoben konnte. Manchmal schlossen sich dazu ganze Hausgemeinschaften zusammen, manchmal turnten Arbeitskollegen nach Feierabend oder samstags gemeinsam. Bei schlechtem Wetter gern in Schulturnhallen, wenn einer Beziehungen zum Hausmeister hatte und der das sportliche Treiben gnädig genehmigte. So manche Mach-Mit-Strecke dümpelte nach dem Ausklingen der offiziellen Bewegung noch jahrelang vor sich hin.

Inzwischen wurde der einstige DDR-Slogan längst neu entdeckt – von Krankenversicherern, Sportvereinen oder der Deutschen Gesellschaft für Ernährung.

Auf dem Weg zum Erwachsenen

„Haben Sie schon das neue ‚Neue Leben'?" Was hat es uns für Spaß gemacht, die Frau im Zeitungskiosk fast täglich mit dieser Frage zu nerven. Das Jugend-Magazin kam einmal monatlich heraus, war nach einem Tag ausverkauft und wir wollten es auf keinen

Lauf Dich gesund!

Fall verpassen. Es erschien zwar im Verlag Neues Leben, aber tatsächlicher Herausgeber war wieder der Zentralrat der FDJ. Ein Abo zu bekommen war ähnlich schwer wie beim „Magazin", dem „intellektuell-erotisch-frivolen" Titel für unsere Eltern. Inhaltlich widmete sich das „Neue Leben" Themen wie Politik, Freizeit, Musik, Mode, Literatur und Film. Zuerst gelesen haben wir aber immer die ganz heißen Tipps von Prof. Bormann über Liebe und Sex. Immerhin, er gab einem das Gefühl, als Heranwachsende ernst genommen zu werden.

Köstlicher als seine Antworten waren oft die Fragen. Das traf übrigens auch auf die wöchentliche Aufklärungskolumne von Jutta Resch-Treuwert in der Tageszeitung „Junge Welt" zu. Was haben wir gelacht, wenn Cornelia, 14 ¾ Jahre alt, fragte, ob man vom Küssen schwanger werden kann.

Jugendweihe statt Konfirmation

Die Vorbereitungen auf die Jugendweihe begannen schon zu Beginn der achten Klasse. Etwa 90 Prozent der Kinder nahmen an ihr teil. Die anderen ließen sich konfirmieren oder verzichteten ganz darauf, offiziell in den „Kreis der Erwachsenen" aufgenommen zu werden. Um den Frieden mit der Schule nicht zu gefährden, nahmen einige Konfirmanden sogar an beidem teil. In regelmäßigen Jugendstunden bereiteten wir uns auf das große Fest vor, sprachen mit antifaschistischen Widerstandskämpfern, sahen Ausstellungen, lernten ethische Grundregeln und hörten Arbeiterveteranen zu. Nachdenklich stimmte wohl jeden von uns die obligatorische Fahrt zur Gedenkstätte KZ Buchenwald bei Weimar. So richtig an Fahrt gewann die Vorbereitung, wenn das genaue Datum der Feier bekannt gegeben wurde. Unsere Eltern stürmten los, um die begehrten Tische für das Mittagessen in einem Restaurant zu sichern. Wir grübelten, was wir anziehen sollten. Wer Westverwandtschaft hatte, ließ sich für das sozialistische Fest gern von ihr einkleiden.

Jungs traten in der Regel in Anzug mit weißem Hemd und Schlips auf. Wir Mädchen hatten es schwerer: Rock und Bluse oder Kleid oder Hosenanzug? Was wird aus der Frisur, wie schminkt man sich? Manche sahen mit ihren toupierten Haaren und den ungewohnten Stöckelschuhen aus wie Damen im Miniformat. Beim großen Auftritt auf der Bühne, wenn nach Reden und Geigen-musik auf das Gelöbnis der Gebote der DDR-Jugend das gemeinsam

gesprochene „Ja, das geloben wir!" intoniert wurde, war einem schon feierlich zumute. Junge Pioniere überreichten jedem Jugendweihling Blumen und die x-te Ausgabe des Buches „Weltall, Erde, Mensch".

Nach der offiziellen Feier begann die private. Die jugendlichen Hauptpersonen langweilten sich im Kreis der feiernden Erwachsenen meist schnell. Man bedankte sich artig für die Geschenke (zum Beispiel für praktische Bettwäsche) und wer konnte, verkrümelte sich dann. Am nächsten Schultag wurde ausgewertet: Wer hat das meiste Geld bekommen?

Unser erster Galaabend: der Abschlussball.

Foxtrott, Walzer, Cha-Cha-Cha

Fast unsere ganze Klasse hatte sich zur Tanzstunde angemeldet.
Die größte Frage musste gleich am Anfang geklärt werden: Wer tanzt mit wem? Manche Paare fanden sich sofort, manche mäkelten ewig und konnten am Ende froh sein, dass sich überhaupt ein Partner fand. Wir hatten viel Spaß dabei: Erst musste man einzeln die Schritte lernen, dann durften wir gemeinsam aufs Parkett und lernten Walzerdrehungen, Foxtrott und Cha-Cha-Cha. Nebenbei brachte uns der Tanzlehrer grundlegende Benimmregeln bei – also nicht übers Parkett rennen, höflich zum Tanz bitten, dem Tanzpartner nicht auf die Füße treten … Wir übten und übten, manche sogar noch zu Hause. Bis zum Abschlussball in großer Robe wussten wir Bescheid.

Manche Eltern hatten einen Kleingarten. Und manche erlaubten ihren Kindern, dort mit Freunden Gartenpartys zu feiern. Wer eingeladen war, brachte etwas mit: Kartoffelsalat, Bratwürste, ein Glas Gewürzgurken, Bier, Knabberkram …

Klein, praktisch und immer dabei: die „Heule".

Eben das, was man zu Hause preiswert herstellen oder unauffällig abstauben konnte. Meist war ein Grill vorhanden und einer opferte sich als Grillmeister. Dazu hörten wir Westschlager vom Tonband. Die ersten verkrümelten sich meist schnell auf die Hollywoodschaukel. Am nächsten Tag aufgeräumt haben dann immer diejenigen mit dem kürzesten Anmarschweg. Auswärts schlafen durfte kaum jemand von uns. Es hätte ja was passieren können!

Stille Post statt Telefon

Nur wenige Familien hatten zu Hause ein Telefon. Wollte man sich nach der Schule zum Eis essen, ins Kino oder zum Einkaufen verabreden, ging das nur mündlich oder mit einem winzigen Zettel. Der wurde während des Unterrichts möglichst unauffällig von Bank zu Bank weitergereicht. Mit einer Antwort versehen, ging das Zettelchen dann wieder retour, wenn ihn der Lehrer nicht vorher abfing und kassierte. Wir besuchten uns also oft spontan, standen aber auch schon mal vergeblich vor dem Kino, weil Freund oder Freundin nicht kommen konnte. Wie hätten sie ohne Telefon absagen sollen? An den öffentlichen Telefonzellen standen oft lange Schlangen – ein Ortsgespräch kostete schließlich nur 20 Pfennig. Da quatschten manche endlos.

Großes Kino

In den 1970er-Jahren drehte die DEFA richtig gute Jugendfilme. Die musste man gesehen haben. Sonst konnte man ja nicht mitreden. Da ging es nicht um Aufbaukram und Trallalla. Das waren Filme, in denen Jugendliche wie wir

Probleme mit ihren Eltern hatten, mit Lehrern und in der Schule, in denen sie die erste Liebe erlebten und nach Orientierung suchten. „Die Legende von Paul und Paula" gehörte dazu – ein Kinohit und Kult bis heute. Die Hauptdarsteller waren Angelica Domröse und Winfried Glatzeder. Später sahen wir „Hostess" oder „Liebe mit 16". Im Fernsehen lief „Den Wolken ein Stück näher", ein Film in zwei Teilen nach einem Jugendbuch von Günter Görlich mit Helden zwischen Kindheit, Jugend und Erwachsenwerden.

Schauten wir mit unseren Müttern fern, mussten wir Kompromisse machen und z. B. Kochsendungen sehen. Die bekanntesten Köche der DDR waren der Fernsehkoch Kurt Drummer und Fischkoch Rudolph Kroboth. Mit riesigen Kochmützen auf dem Kopf zeigten sie abwechselnd wöchentlich abends im Fernsehen, wie man leckere Eierspeisen, Partyhäppchen, Kabeljaufilets und pikanten Heringssalat zubereitete – natürlich zuerst nur aus einheimischen Zutaten. Rollte in den Gemüseläden gerade eine Weißkohlwelle an oder gab's mal DDR-weit ausreichend Makrelen, lieferten sie die passenden Rezepte.

Die Legende von Paul und Paula – unser erster Kultfilm.

Schlammschlachten im Plattenbau

Marzahn in Berlin, Grünau in Leipzig, Gorbitz in Dresden, Lichtenhagen in Rostock. Um die Wohnungsnot in der DDR zu lösen, baute man auf der grünen Wiese vor den Städten Neubausiedlungen in Plattenbauweise. So ziemlich überall die gleichen. WBS 70 war ein Schlagwort dieser Zeit. Für Menschen, die in unsanierten Altbauten ohne Bad und Heizung lebten, bedeutete die Zusage für so eine Wohnung oft den Hauptgewinn. Künftig konnten sie warmes Wasser aus der Wand, Bad, Balkon und Fernheizung genießen.
Kurz nach der „Zuweisung" zog man mit Kind und Kegel ein und nahm in Kauf, dass die Wohnung manchmal noch gar nicht ganz fertig war, dass Straßenbeleuchtung, Parkplätze und Grünanlagen fehlten, dass Straßen und Fußwege

einzige Schlammwüsten waren und man Brot und Brötchen am besten auf dem Heimweg von der Arbeitsstelle kaufte. Tapfer zogen alle ihre Gummistiefel an und nahmen die Schlammwege nicht so ernst. Vorher hatte man schließlich das Klo auf der halben Treppe (oft) mit den Nachbarn geteilt, Kohlen geschleppt und undichte Dächer selbst provisorisch stopfen müssen. Da war der Hindernislauf um die neuen Blöcke angesichts netter Nachbarn und der bald öffnenden Kaufhalle samt Kinderkombination (Kindergarten und -krippe unter einem Dach) doch ein Klacks. Mitte der 70er-Jahre verabschiedeten sich unsere ersten Klassenkameraden von der Stadt, um in die Vorstädte zu ziehen. So manche Freundschaft bekam dadurch einen Riss: Straßenbahn- und Buslinien waren noch nicht richtig angeschlossen und kaum einer hatte zu Hause Telefon. Den Neu-Vorstädtern machte das vielleicht gar nicht so viel aus. Die Baustellen boten beste Voraussetzungen als Abenteuer-Spielplätze, und was sich dort (zwangs-läufig) schnell entwickelte, waren Nachbarschaftskontakte, Hausfeste und gemeinsame Arbeitseinsätze zur Anlage und Pflege frischer Beete.

Eine Lachnummer: Jugendmode

Jugendmode hatte in der DDR eine eigene Marke und eigene Läden: JuMo. Die dort angebotene Kleidung hatte vor allem eins: ein schlechtes Image. Man ging nur in diese Geschäfte, um zu sehen, ob es importierte Klamotten aus dem Westen gab. Insider wussten, dass das dann aber keine richtigen Importe, sondern „geplatzte Exportauf-träge" von DDR-Firmen waren. Was wirklich gut war, ging „unter dem Ladentisch" an Bekannte der Verkäu-ferinnen weg, die sich aufspielten wie Gräfin Koks.

Wegen Materialmangel oder weil wir nach offizieller Auffassung ja überhaupt nicht „konsumorientiert" waren, sollte auch die Bekleidung Jugendlicher vor allem praktisch sein. Dabei kopierten die Hersteller schamlos westliche Trends – aber ohne Pfiff und Gespür für Stil. Die Designer gaben sicher ihr Bestes, aber die Umsetzung war eine Katastrophe.

Modisch aktuell.

15. bis 18. Lebensjahr

Ein Traum: Die MZ TS 250/1

Anfang September 1976 ging im Motorradwerk Zschopau die MZ TS 250/1 in Großserie. Die Fachzeitschrift Der deutsche Straßenverkehr meldete in ihrer Septemberausgabe, dass damit „eine neue Generation unserer MZ-Motorräder beginnt". Noch vor der Angabe technischer Details (robuster Einzylinder-Zwei-taktmotor, Fünf-Gang-Getriebe, elastische Motorradaufhängung usw.) war in dem Bericht zu lesen, dass „in unserer Republik die Peri-ode zwischen dem VIII. und dem XI. Parteitag der SED hervorragende Initiativen unserer Werktätigen hervorgebracht hat. (…) Auch die Fahrzeug-bauer waren daran beteiligt."

Für die Moped fahrenden Jungs unserer Generation war diese Maschine ein Knaller, der in der De-Luxe-Ausführung 3222 DDR-Mark kostete. Ein Jungfach-arbeiter verdiente damals etwa 530 DDR-Mark brutto pro Monat, ein Absolvent nach dem Ingenieurstudium 960 DDR-Mark brutto. Man musste also jahrelang sparen, um sich einen Traum wie diesen erfüllen zu können.

Wisent statt Levis

Den Jeans-Boom seit Anfang der 1970er-Jahre erlebten wir hautnah mit. Jeder Teenie besorgte sich von irgendwoher eine echte Jeans. Levis, Wrangler, Rifle – völlig egal. Hauptsache, sie war original aus echtem Denim und Indigo-gefärbt. Freunde mit Westverwandtschaft hatten mal wieder Glück. Nun gab es aber viele Jugendliche ohne diesen Bonus oder genügend Geld, um illegal DDR-Mark im Kurs eins zu fünf in Westgeld zu tauschen. Damit konnte man im Intershop einkaufen. Irgendwann beschlossen die alten Herren im ZK der SED, dass man an diesem Trend nicht länger vorbeikommt. In diesem Moment schlug die Geburtsstunde der Wisent-Jeans. Das waren blaue Lappen, die keiner haben wollte. Selbst als diese dann indigoblau gefärbt und aus derbem Stoff genäht wurden, war ihr Ruf nicht mehr zu retten. Wer trug denn so was?

Mit Nadel und Faden

Wer schick sein wollte, griff selbst zu Nadel und Faden. Im Westfernsehen sahen wir, was wirklich modern war. Und in begehrten Modezeitschriften wie „Pramo" (stand für Praktische Mode), „Modische Maschen" oder in der „Sybille" gab's Tipps zum Selbstschneidern. Diese Zeitschriften und Westkataloge wurden gehütet und nur streng vertraulich weitergegeben. Der Leipziger Verlag für die Frau lieferte die passenden Schnittmuster dazu. Da gab es nicht nur Anleitungen für ausgefallene Blusen, tolle Röcke oder zum Stricken von Pullis und Westen. Da holte man sich auch Anregungen zum Fertigen von Basttaschen, Halsketten und Schals. Man musste nur noch das erforderliche Material, sprich Stoffe, Knöpfe und Accessoires besorgen. Manchmal durchstreiften wir wochenlang die Geschäfte, bis endlich alles komplett war.

Ein toller Trip –
in echten Jeans nach Berlin.

Unberechenbar: Restaurantbesuche

Ob mit den Eltern oder dann die ersten Male allein: Gingen wir in eine Gaststätte essen, galt es flexibel zu sein. Wollte man zu Vaters Geburtstag oder der Goldenen Hochzeit der Großeltern in einem ganz bestimmten Restaurant essen, musste der Tisch lange im Voraus bestellt werden. Bei spontanen Besuchen durfte man sich klugerweise nicht auf diese oder jene Gaststätte festlegen. Es konnte ja sein, dass die gerade überfüllt war. Dann zog man weiter. Mittags oder abends stand man meist trotzdem in einer Schlange. War man endlich dran, teilte der Kellner einen freien Tisch zu, war der größer, aß man mit wildfremden Leuten gemeinsam. Diskussionen mit den Kellern führten eher zu weiteren unliebsamen Wartezeiten. Auch bei der Auswahl der Speisen durfte man nicht allzu festgelegt sein. Manches auf den ohnehin überschaubaren Speisekarten war mit einem x angekreuzt.

Wein + Getränkekarte

Ratskeller·Leipzig

Das waren dann Speisen, die es nicht gab. Mal war die Roulade gerade aus, mal das Schnitzel. Fisch war sowieso Glückssache. Und in den Restaurants „Gastmahl des Meeres", die existierten nur in den größeren Städten, musste man ewig auf freie Plätze warten.

Spatz, Star und Habicht

Die gängigsten Verkehrsmittel waren für uns Straßenbahnen, Busse und Fahrrad. Wer nach dem 14. Lebensjahr ein Moped fuhr, konnte beeindrucken. Manche sparten jahrelang für einen Spatz, Star oder später dann einen Habicht, die Mopeds vom VEB Simson Suhl. Man brauchte für sie nur den Mopedberechtigungsschein, keine Fahrerlaubnis.

Nach der Jugendweihe hatten einige schon das nötige Kleingeld beisammen. Um die laufenden Kosten für Reparaturen und Tankfüllungen zu besorgen, gingen viele in den Ferien arbeiten. Man freute sich wie heute über jeden Benzingutschein, den Oma und Opa spendierten.

Endlich mobil und unabhängig.

Abenteuer auf dem Zeltplatz

Wer allein mit Freunden Urlaub machen wollte, fuhr zelten. Manchmal klappte das ganz in der Nähe. Beliebter, weil man uns dann nicht gleich kontrollieren konnte, waren Zeltplätze bei Berlin, in Brandenburg, an der Mecklenburger Seenplatte oder an der Ostsee. Wir fuhren mit dem Zug oder per Anhalter hin, schlugen uns mit dem Gepäck bis zum Zeltplatz durch, bauten, das (geborgte) Zelt auf und freuten uns auf die bevorstehende aufregende Zeit. Meist traf man andere Jugendliche, mit denen sich wunderbar die Umgebung erkunden ließ.

Schnell fanden wir dann heraus, wo es preiswertes Essen gab, wo man einkaufen und wo man tanzen konnte. Wir rauchten billige Zigaretten, schliefen den ersten Rausch aus, lernten eine neue Liebe kennen und schrieben harmlose Karten nach Hause: Herzliche Urlaubsgrüße! Alles ruhig hier, alles bestens!

Schlangestehen auch am Kiosk auf dem Campingplatz.

Jubel, Trubel, Bratwurstsause: Der Tag der Republik

Galt der 1. Mai offiziell als Kampftag für den Frieden, sollte der „gelernte DDR-Bürger" den Jahrestag der Republik am 7. Oktober ordentlich feiern. Da gab es Aufmärsche und Spielmannsumzüge, Sport- und Bratwurstfeste, Kulturfeiern und Kundgebungen, Betriebs-, Dorf- und Stadtteilfeste, wo die Leute sogar gern hingingen. Chöre und Tanzgruppen hatten ihren großen Auftritt. Kabaretts brachten die Leute zum Lachen. Besonders aufwendig inszenierte Jubelfeiern verordnete die Staats- und Parteiführung zu runden DDR-Geburtstagen. Da wurden Frohsinn und vermeintliche Überlegenheit gegenüber dem kapitalistischen Westen demonstriert. Man präsentierte sozialistische Errungenschaften auf „Weltniveau" und prophezeite „den Sozialismus in den Farben der DDR".

Erlaubt und verboten

Irgendwann in dieser Zeit der Pubertät fand auch der eifrigste FDJler bei den Genossen keine befriedigenden Antworten mehr auf Fragen zur Disko-Musik, zu Mode, Freizeit, Sex. Alles schien immer hausbacken, vorgegeben, von gestern. Die wirklichen Trends des täglichen Lebens wurden nicht in der DDR erfunden oder gar vom großen Bruder, der Sowjetunion, sondern vom Westfernsehen abgekuckt. Alles Abschirmen nützte nichts: Wir wollten in der Disko ja Renft hören und Nina Hagen und Karat, aber eben auch die Beatles, Jimi Hendrix und die Rolling Stones. Wir wollten lange Haare, „richtige" Jeans und Miniröcke tragen, Rockmusik hören und ungehemmt tanzen, ohne dass das immer gleich als westlich dekadent verteufelt wurde. Unsere Generation hatte da eigentlich schon Glück: Seit 1971 hatte die neue Führung unter Erich Honecker kleine Freiheiten erlaubt, damit die große Unfreiheit weniger spürbar war. Wir durften bereits mit „Nietenhosen" zur Schule kommen. In der Schuldisko galt zwar eine Begrenzung für das Abspielen westlicher Gruppen, aber der „Diskjockey" konnte die mühselig vom Radio auf Tonbänder überspielte Musik auflegen. Was offiziell verboten blieb? Westfernsehen, auch wenn bereits Anfang der 1970er-Jahre kaum noch eine Familie ohne ARD-Empfang vor dem Fernseher saß. Nur eben heimlich.

Ferienjobs

Kein Geld und große Ferien? Taschengeld, sofern die Eltern welches gaben, war immer knapp. Wer irgend konnte, verschaffte sich einen Ferienjob. In den dreiwöchigen Winterferien war das für eine, in den länger dauernden Sommerfreien für maximal drei Wochen erlaubt. Man nahm, was ging: Hotelzimmer putzen, Pakete sortieren, Gemüse verkaufen, Lampen zusammenbauen, an der Tankstelle aushelfen … Das machte zwar nicht immer Spaß, brachte aber Erfahrungen für die spätere Berufswahl, oft wenigstens die Erkenntnis, dass man das nie ein ganzes Leben machen will. Doch was half es? Wir waren jung und brauchten das Geld!

Letzter Schultag

Am letzten Schultag sollte, ja, musste es krachen. Da waren sich alle einig! Wir gingen die Ideen der Vorjahresabgänger durch und sammelten eigene: Auf der Agenda standen dann Trauerreden in Trauerkleidung (wurde sofort von der

Schule verboten, einmal sei genug gewesen) sowie Auftritte mit Rollschuhen oder in Schlafanzügen. Auf Rollen konnten nicht alle in der Klasse laufen, Schlafanzüge waren den meisten zu dröge. Wir entschieden uns dann für den oberoriginellen Auftritt in Lederhosen. Das Praktische daran: Man konnte sie den ganzen Tag tragen, auch nachmittags beim gemeinsamen Bummel durch die City. Fielen allerdings kaum auf ...

Auf ins Leben!

Wer die Schule mit der Mittleren Reife nach der zehnten Klasse abschloss, begann in der Regel eine zweijährige Lehre zum Facharbeiter. Man fand nicht immer den Wunschberuf, aber irgendeine Ausbildung fand eigentlich jeder. War das an einem anderen Ort, wohnte man im Lehrlingswohnheim. Das war alles organisiert. Wer Abitur machte und sich für ein Studium bewarb, musste meist flexibel sein und umziehen. Man wohnte dann am Studienort im Studentenwohnheim, zur Untermiete oder in einer WG. Studienplätze waren schon schwerer zu ergattern. Absolventen unseres Jahrgangs wurden vor allem auf ein Lehrerstudium orientiert, den Jungs versuchte man ganz massiv die Vorteile einer Offizierslaufbahn schmackhaft zu machen.

So mancher künftige Arzt, Künstler oder Psychologe wartete jahrelang auf die begehrte Zulassung. Uns stand vor allem der Sinn nach einem erfüllten Leben.

Wir waren so weit.

Unsere Klasse war schon klasse!

15. bis 18. Lebensjahr

Für alle ab 18

Unsere Jahrgangsbände gibt es
für alle Jahrgänge ab 1921 bis zum aktuellen
18. Geburtstag, auch als DDR-Ausgabe.